国家文物进出境审核海南管理处
"一带一路"文化遗产研究丛书

海南岛古窑址

刘亭亭　著

中国海洋大学出版社
CHINA OCEAN UNIVERSITY PRESS

·青岛·

图书在版编目（ＣＩＰ）数据

海南岛古窑址 / 刘亭亭著. —青岛 ：中国海洋大
学出版社，2021.8
ISBN 978-7-5670-2907-1

Ⅰ. ①海… Ⅱ. ①刘… Ⅲ. ①窑址(考古)–文化遗址
–研究–海南 Ⅳ. ①K878.54

中国版本图书馆 CIP 数据核字(2021)第 168240 号

HAINAN DAO GUYAOZHI
海南岛古窑址

出版发行	中国海洋大学出版社
社　　址	青岛市香港东路 23 号
邮政编码	266071
出 版 人	杨立敏
网　　址	http://pub.ouc.edu.cn
电子信箱	1922305382@qq.com
订购电话	0532-82032573 （传真）
责任编辑	曾科文　周佳蕊　　　　　　电　　话　0898-31563611
印　　制	海南金永利彩色印刷有限公司
版　　次	2021 年 8 月第 1 版
印　　次	2021 年 8 月第 1 次印刷
成品尺寸	210 mm×285 mm
印　　张	12
字　　数	180 千
印　　数	1—8500
定　　价	168.00 元

发现印装质量问题，请致电 0898-66726181 调换。

序

写在《海南岛古窑址》出版之际。

宋元之后的考古，传统的考古人是不太愿意花费工夫去做的，专门做窑址考古的寥寥可数，而陶瓷研究大多又是从海外交通研究领域切入的较多。20世纪80年代末，我调到海南从事文物工作，那个时候，没有一家像样的考古机构，文物保护和考古工作基本就落在海南省文管办几个年轻人的身上。

那时候，海南的考古学文化研究是个空白，有限的研究大多停滞在"二普"（第二次全国文物普查）的点滴资料，宋元之后的考古工作更是凤毛麟角。面对薄弱的考古力量，就"怎么开展海南的考古学研究"这一问题，我当时提出了"借鸡下蛋"的思路。我的认知是：只求所在，不求所有。但是，建省伊始，考古经费相对有限，面对众多的历史遗迹，如何通过考古工作寻求突破呢？我们选择了两个方向，一是与中国科学院古脊椎动物与古人类研究所合作，发掘了落笔洞遗址，以"三亚人"的发现带动旧石器晚期的考古研究；二是海南省文管办与中国历史博物馆水下考古中心一同开始了海上丝绸之路的研究，从1990年至2014年，海南的水下考古工作迎来了24年的成果丰硕期。在这种情境之下，我们的目光开始从海上转向陆地。在此之前，我们给海南在海上丝绸之路的定位是中继站、补给点。第三次文物普查之后，我开始审视海南的福安窑和碗窑村窑，一个新的观点逐渐清晰，那就是海南极有可能也是一个海外贸易过程中的产品生产地，而不是简单的中继站和补给点。

海南省文物考古研究所（海南省博物馆）曾经对福安窑做过试掘和发掘，2020年出版了《澄迈清代福安窑》一书，将福安窑定义为清代的阶级窑，但对遗址区内采集到的其他类别的窑场产品，仍然无法给予合理的解释，这就意味着福安窑的发掘仅仅是阶段性的，而且很有可能文化堆积并未揭露完成。

2016年，我调入国家文物进出境审核海南管理处，有幸带领了一批年轻的学者，他们所涉及的研究领域有很重要的一部分恰恰是在宋元之后的历史区间。文物鉴定师这个行当，过去是通过口传心授而传承的。这种方法缺陷就是师傅没接触过的领域，学生也往往无法探知。而通过考古学的手段，研究者完全能够主动获知新的历史信息。基于这一点，我要求依托"一带一路"的国家级顶层合作倡议，确立了以海外贸易为视角的"一带一路"文化遗产研究课题。2017年我们与江西景德镇市陶瓷考古研究所合作，对澄迈县金江流域的6处窑址和2处遗址点及儋州市的碗窑村窑址进行了调查，形成了初步的成果。

数年下来，涌现了几位佼佼者，刘亭亭先生是其中一位。在数年时间里，他陆续调查了澄迈县、儋州市、琼海市、定安县、万宁市、三亚市、陵水黎族自治县、临高县、东方市、乐东黎族自治县、白沙黎族自治县、昌江黎族自治县等12个市县，调查古窑址共计39处。

文物考古研究是一项非常重要的基础研究，没有这些支撑，文博机构就不可能讲好文物的前世今生，同样也讲不好海南故事和中国故事。《海南岛古窑址》是刘亭亭先生主笔的反映"一带一路"文化遗产研究方面的首批成果之一。非常可喜的是我们建立了一个适合年轻学者成长的学术空间，并且也有理由相信这种学术氛围将会弥漫到其他的文博单位。我有理由相信通过详细的文物调查和专业辨识，这份成果一定能够成为丰富第三次文物普查后海南省不可移动文物信息的翔实注解，并期待类似的成果能够陆续出版。

王亦平

2020年10月22日于海口

前　言

　　20世纪50年代，海南岛古窑址的调查工作就已经拉开了序幕①。2002年和2004年海南省文物考古所对澄迈县福安窑的两次发掘工作，将海南省的古窑址研究带入了一个新阶段。根据原有的考古调查、发掘成果和海南省第三次全国文物普查成果，以及国家文物进出境审核海南管理处工作人员在2017至2019年的探查发现，海南省的窑业遗存已发现有39处，分别位于澄迈县、儋州市、琼海市、定安县、万宁市、三亚市、陵水黎族自治县、临高县、东方市、乐东黎族自治县、白沙黎族自治县、昌江黎族自治县等12个市县内，基本遍布海南岛。

　　在已知的39处窑址中，定安县大坡村窑址和临高县昌南窑址属于新发现的古窑址，不见于原有的"三普"记录和其他学者的调查研究中。三亚市官沟窑址原被认为有馒头窑烧造城砖，但从实际调查和当地文物工作者的研究来看，官沟确实存在遗迹并发现有陶砖，但并不存在窑址。值得说明的是，虽然这39处窑址可以确定在历史上曾烧造陶瓷器，但不少实际已被破坏甚至灭失。乐东黎族自治县的抱由窑址、丹村窑址、田头村窑址和羊上村窑址，定安县的坡上园窑址，万宁市的下灶村窑址、琉川窑址，东方市的镇州窑址，昌江黎族自治县的旧县村窑址，三亚市的儒学堂窑址，陵水黎族自治县的古楼窑址，这几处窑址由于相对偏远难以保护，不少被村民铲平，作为农耕地、畜牧用地和经济作物用地；还有些窑址因被水塘淹没等难以找到；其他的窑址也并非保存完整，或多或少都经历了破坏。

　　从现有的考古资料来看，海南岛的古瓷窑最早的时代可推至宋元以前。在旧县村窑址发现的这一时期的几件饼足器物，综合其他窑址的资料来看，应是海南岛已发现的最早瓷器。宋元时期至明清，是海南岛制瓷业的蓬勃发展时期，尤其是福安窑系的产品代表了海南岛陶瓷业发展的最高水平。但就陶瓷业发展的主流来说，带釉陶器应占有举足轻重的地位。除却专门烧造带釉陶器的陶窑外，在大部分瓷窑中也出现了带釉陶器的身影，像比较大的福安窑址、碗窑村窑址带釉陶器的数量甚至超过瓷器的数量。作为普通老百姓生活中常用的器物，

---

① 莫稚：《一九五七年广东省文物古迹调查简记》，《文物参考资料》1958年第9期。

带釉陶器遍布各类器形中，大型器物尤为多见，尤其是一些罐、缸、瓮等。瓷器则以小型器物如碗、盘类居多，琢器仅见一些壶、瓶等，体型也较小，这也是海南岛陶瓷业发展中的突出特点。本书中提到的泥质陶器（部分夹少量砂质物）与带釉陶器类似，其器形也基本以缸、瓮等大型器为主。

这39处窑址只是现有的调查发现，依据已掌握的资料推测，在南渡江下游尤其是在澄迈县境内以及昌化江流经的东方市和昌江黎族自治县沿线应还有不少的窑址，但由于环境和时间等因素的限制，只能期待在以后的探查工作中继续发现。笔者拟以现有的发掘、调查和馆藏资料为基础，对海南地区古窑址的考古发现情况、窑址环境、窑炉形制、陶瓷器类型和窑具类型及其他相关问题等做出初步探究，共分为四章内容予以解读。第一章简述海南岛的历史沿革与地理概况，指出海南岛古窑址出现的时空环境，界定陶瓷窑和陶瓷器的属性，对原有的海南岛古窑址的考古发现与调查研究予以回顾，以便在前人的基础上做进一步调查分析；第二章总结海南岛古窑址概况，简述各古窑址的周边环境、窑炉形制，并对窑址所出器物，就其种类、形制、胎釉和装饰手法等几个方面分别予以分析，总结每个窑各自的一些特点；第三章在第二章总结分析基础上，分析海南岛古窑址的整体特征；第四章主要对几个重要问题予以讨论，包括"窑业技术来源""窑系分布""窑址年代""釉下彩瓷的相关问题""澄迈县成为海南岛制瓷中心的原因""墓葬、窖藏陶瓷器与窑址陶瓷器比较""馆藏本土陶瓷器""海南岛古陶瓷与古代丝绸之路上的陶瓷器"等几个方面的问题；最后为结语，总结全书，指出书中存在的问题和不足以及未来需要深入研究的方向。

目　录

图 目 录

表目录

第一章 概 述

第一节 海南岛地理概况与历史沿革

海南省地处祖国南陲，北临琼州海峡与雷州半岛隔海相望，西隔北部湾与越南为邻，东、南两面海域则与菲律宾、印度尼西亚、马来西亚和文莱相靠。全省陆地面积包括海南岛、西沙群岛、中沙群岛和南沙群岛共计3.54万平方千米，是全国最小的一个省份；但海域面积又有约200万平方千米，从这个角度说又是全国最大的一个省份。

海南省的古窑址主要分布在海南岛上，海南岛地形中间较高，四周相对低平。以五指山、鹦哥岭为中心，高度向外部逐渐降低。由于地处热带，受海洋季风气候的影响，海南全年暖热，雨季较长，虽有明显的干湿季节，但河流水量相对充沛。遍布岛上的大小河流，为海南岛古窑业的发展提供了相对较好的自然条件。

海南岛三大河流南渡江、昌化江和万泉河的流向也都受到地形的影响，由中部的山区丘陵地带流向四周相对平坦的地方，并顺着地势奔流入海，流域面积近海南岛的一半区域。海南岛大部分古窑址在三大河流沿岸分布。

南渡江为海南岛最大的河流，发源自白沙黎族自治县的南峰山，顺地势流向岛北，由南向北依次流经白沙黎族自治县、琼中黎族苗族自治县、儋州市、澄迈县、屯昌县、定安县，并直达海口市入海，全长300余千米，流域面积达7000余平方千米。南渡江沿岸是海南岛窑址分布最为密集的区域，尤其是澄迈县境内，古窑址的制瓷技术水平应居于全岛的领先地位。昌化江即昌江，发源于琼中县的黎母山林区的空示岭，横贯岛中西部，由东北向西南流经五指山，并在乐东转向西北，流经东方市，最后穿过昌江县的昌化港流入南海，全长200余千米，流域面积达5000余平方千米。万泉河发源于五指山林背村阿岭和黎母岭南两处，在琼海市合口嘴汇合成万泉河，经琼海市嘉积镇流经博鳌镇入南海，全长100余千米，流域面积3000多平方千米。其余水系流向与之相似，在岛上形成放射状的水系分布。

远在10000多年前的旧石器时代，海南省三亚市荔枝沟镇东北部的印岭就已出现了人类活动的痕迹，即后来由省文物考古人员发掘的落笔洞遗址[①]。新石器时代也发现有东方市新

[①] a. 郝思德、王大新：《三亚市落笔洞石器时代遗址》，载中国考古学会编《中国考古学年鉴（1995）》，文物出版社，1997，第206页。

b. 郝思德、黄万波：《三亚落笔洞遗址》，南方出版社，1998。

街遗址①、琼中县腰子遗址②、陵水石贡遗址③和移辇村遗址④、保亭黎族苗族自治县通什毛道遗址⑤以及 2012 年 12 月至 2016 年 1 月发掘的三亚英墩遗址、陵水莲子湾遗址、陵水桥山遗址三处遗址⑥等。但先秦时期，由于海南孤悬南海，海南岛的文献记载较为简略，正所谓"唐虞三代为南服荒徼""《禹贡》不入，职方不书"⑦。"春秋战国为扬越地，秦末属南越。"⑧秦代在南部沿海置桂林郡、南海郡和象郡，从地域看，海南岛此时可能为象郡附庸。后秦末赵佗割据自立建南越国，并兼并三郡，海南此时也进入南越版图，但尚未建制。

"汉武帝元鼎六年平南越，明年改元，始以其地置珠崖、儋耳二郡。"⑨西汉武帝元鼎六年（前 111 年），伏波将军路博德率兵南征，平息赵吕叛乱收复南越，武帝于元封元年（前 110 年）在海南设置珠崖、儋耳二郡，海南此时终归中央统辖；西汉昭帝始元五年（前 82 年），将儋耳郡并入珠崖郡，西汉元帝三年（前 46 年）罢弃；东汉时复置合浦郡，为交州管辖；三国吴赤乌五年（242 年），复置珠崖郡，并沿用至晋，后并入合浦郡；南朝宋元嘉八年（431 年），复立珠崖郡，梁置崖州，陈因之；至隋代，又改为珠崖郡；唐高祖武德五年（622 年）立崖州、儋州和振州，太宗贞观年间将崖州并入琼山，置琼州，天宝年间改三州为郡；五代属南汉；宋代改州为军，建制多有变化；元初改为琼州路安抚使，隶属湖广行省，至正末年（1368 年）为广西行省管辖；明洪武三年（1370 年）海南岛划归广东；清末改儋、万、崖三州为县，共十三县，民国因之⑩。

---

① 王克荣：《海南省的考古发现与文物保护》，载文物编辑委员会编《文物考古工作十年》，文物出版社，1990，第 244 页。

② 郝思德、张昆荣：《琼中县腰子新石器时代遗址》，载中国考古学会编《中国考古学年鉴（2002）》，文物出版社，2003，第 306 页。

③ 郝思德：《陵水县石贡新石器时代遗址》，载中国考古学会编《中国考古学年鉴（2007）》，文物出版社，2008，第 388 页。

④ a. 郝思德、蒋斌：《陵水县移辇村新石器时代遗址》，载中国考古学会编《中国考古学年鉴（2008）》，文物出版社，2009，第 345 页。

b. 王明忠、李钊、贾宾、韩飞：《海南陵水县移辇新石器时代沙丘遗址的发掘》，《考古》2016 年第 8 期。

⑤ 王大新：《通什市毛道乡新石器时代遗址》，载中国考古学会编《中国考古学年鉴（1996）》，文物出版社，1998，第 222 页。

⑥ 傅宪国、刘业沣、王明忠、彭小军、付永旭、寿佳琦、陈奋飞：《海南东南部沿海地区新石器时代遗存》，《考古》2016 年第 7 期。

⑦ 唐胄纂：《正德琼台志上·卷三·沿革考·府》，海南出版社，2006，第 43 页。

⑧ 蒋廷锡等纂修：《雍正初修大清一统志·琼州府·风俗》，海南出版社，2006，第 29 页。

⑨ 唐胄纂：《正德琼台志上·卷三·沿革考·府》，海南出版社，2006，第 43 页。

⑩ a. 李勃：《海南岛历代建制沿革考》，海南出版社，2005。

b. 唐胄纂：《正德琼台志上·卷三·沿革考·府》，海南出版社，2006，第 43 页。

c. 陈铭枢总纂，曾蹇主编：《海南岛志》，海南出版社，2004，第 43 页。

第二节　窑址和陶、瓷器的属性

据现有的陶瓷器考古资料，海南岛最早的陶器发现于东方市新街新石器时代早期的贝丘遗址中，"陶器为手制夹砂褐陶，饰绳纹，器形有圜底的釜和罐"①，但海南岛最早的古窑址在哪里一直没有定论。涂高潮先生在《海南古陶瓷》中将采用平地堆烧方式的地点作为一种窑址来看待，但涂先生又说"与其说它是一种窑形，倒不如说它是一种平地堆烧陶器的烧制技法"②。平地堆烧对环境的要求低，但废弃后很难找到烧窑遗迹。本书中讲到的古窑址是指还存有一定遗迹的古陶瓷窑址，早期的遗址推测为平地堆烧的窑址，虽在周边发现遗物但没有遗迹，可以确定为窑址的不包含在内；晚期的如白沙黎族自治县的什五窑址和九架老村窑址也使用过平地堆烧的技法烧造陶器，从采集的标本来看，发现有带釉陶器和窑具，在使用平地堆烧的方法以前应有早期的窑址存在，故也将其作为古窑址予以研究。对古窑址的研究，时间界定在中华人民共和国成立以前，部分尚未确定具体年代的古窑址也包含在内。

海南岛窑址根据其烧造器物的差异，有陶窑和瓷窑之分。有些窑址在烧瓷器的同时也烧制陶器，有些在历史上烧造过瓷器但后来改为烧造陶器，这在具体分析器物时会具体说明。值得注意的是，海南岛历史上明确记载有陶器和瓦器的烧造，但较好的器物一般是广州供给："《瓦器：出洒塘、托都。宋食货志》：贾物自高化至者唯瓦器之类。今琼货精美者皆来自广。"③"窑作：出顿林、洒塘、托都"④，"'顿林''洒塘'和'托都'都在琼山县（今属海口市）内"⑤。"陶器普通有缸瓮瓯盆各种。本岛除水缸为琼、定二属所制造外，余皆仰给安铺、钦县。"⑥对于烧造砖瓦器的窑址，原来有些学者将其归入砖窑。《中国古陶瓷图典》中陶器的解释为："用河谷沉积土、普通泥土等无机物质做原料，采取手工或其他方法做成所需要的形状，经过 800℃ 至 900℃ 的温度焙烧，使之硬化而成的物品。"⑦由此来说，砖瓦器应属于陶器类，故本书将烧造砖瓦的窑址也放入陶窑类一并探讨。

---

① 王克荣：《海南省的考古发现与文物保护》，载文物编辑委员会编《文物考古工作十年》，文物出版社，1990，第244页。

② 涂高潮：《海南古陶瓷》，海南出版社、南方出版社，2008。

③ 唐胄纂：《正德琼台志上·卷九·土产下·器用属》，载洪寿祥主编《海南地方志丛刊》，海南出版社，2006，第213页。

④ 唐胄纂：《正德琼台志上·卷九·土产下·工作属》，载洪寿祥主编《海南地方志丛刊》，海南出版社，2006，第217页。

⑤ 朱为潮、徐淦等主修，李熙、王国宪总纂：《民国琼山县志·卷五·建置志六·都厂》，载洪寿祥主编《海南地方志丛刊》，海南出版社，2003，第301—302页。

⑥ 陈铭枢总纂、曾蹇主编《海南岛志》，海南出版社，2004，第423页。

⑦ 冯先铭：《中国古陶瓷图典》，文物出版社，1998，第35页。

关于海南岛古窑址陶、瓷器的属性问题，以现有的研究来看，都未认识到海南岛部分古陶瓷存在陶器和瓷器难以分辨、带釉陶器和无釉陶器难以分辨的问题，基本都以目视结果将陶瓷器大体分为瓷器、釉陶和陶器三类。其中瓷器的分类基本是没有问题的，尤其是海南岛各个窑口的青釉瓷器，从其坚致的胎质和较好的釉色等因素来看，都是比较成熟的瓷器无疑，酱绿釉中大部分胎质较好的也可归为瓷器。但青黄釉尤其是酱釉器除少数胎质较好的可以确认为瓷器，有相当一部分存在胎质粗糙、夹砂的现象，由胎体的坚硬程度来看，烧造温度较高，大部分研究者将其定为"釉陶"[①]。根据《中国古陶瓷图典》，釉陶是"施有低温铅釉的陶器的总称……其釉以铁、铜、钴的氧化物作着色剂，以氧化铅作助熔剂，烧成温度700℃～900℃，烧成后呈现黄、绿、蓝等色，釉层透亮，釉面光亮，但化学稳定性较差，不适合用作实用器皿，多用作冥器"[②]。从"釉陶"的定义来看，海南岛的这种陶器定为"釉陶"实际是不准确的。笔者选取了21件这种所谓的"釉陶"，其中包括定安县石岭村窑址3件，记作DSL1、DSL2、DSL3（表一）；定安县黄桐岭窑址3件，记作DHT1、DHT2、DHT3（表二）；定安县大坡村窑址2件，记作DDP1、DDP2（表三）；三亚市高山窑址1件，记作SGS1（表四）；陵水黎族自治县古楼窑址1件，记作LGL1（表五）；琼海市礼都窑址1件，记作QLD1（表六）；琼海市汪洋窑址1件，记作QWY1（表七）；琼海市瓮灶朗窑址2件，记作QWZ1、QWZ2（表八）；万宁市上灶窑址2件，记作WSZ1、WSZ2（表九）；万宁市山根窑址2件，记作WSG1、WSG2（表一〇）；临高县五尧窑址2件，记作LWY1、LWY2（表一一）；东方市窑上村窑址1件，记作DYS1（表一二）。通过EDX3600L型能量色散X荧光光谱仪对这21件带釉陶器的釉料分析可以看出，这些器物的铅（Pb）含量极低，基本都在0.05%以下，大坡村窑址、高山村窑址和黄桐岭窑址各有1件铅含量为0，即使考虑到检测数据的误差，这些带釉陶器也不是低温铅釉，而钙（Ca）含量和钾（K）含量则相对较高，从整体的成分来看还应是钙釉。同时这些器物胎质相对于原有意义上的"釉陶"更为坚致，应属于高温烧制的生活实用器，这与《中国古陶瓷图典》中"釉陶"一般不作为实用器的解释也不相符。故而原有海南古陶瓷的研究著作中，将部分海南古窑址烧造的器物称作"釉陶"的说法应是不准确的。

表一 定安县石岭村窑址陶片标本釉成分分析结果

石岭村窑址陶片标本DSL1釉成分分析结果											
Na(%)	Mg(%)	Al(%)	Si(%)	P(%)	S(%)	K(%)	Ca(%)	Ti(%)	Cr(%)	Mn(%)	Fe(%)
1.2878	0.9351	17.9604	53.3838	0.7659	0.1456	4.7234	4.0315	5.6925	0.0711	0.3237	9.5264
Co(%)	Ni(%)	Cu(%)	Zn(%)	As(%)	Rb(%)	Sr(%)	Zr(%)	Ba(%)	Pb(%)	Hg(%)	Au(%)
0	0.0068	0.015	0.1616	0	0.0064	0.011	0.2965	0.6127	0.0425	0	0
石岭村窑址陶片标本DSL2釉成分分析结果											
Na(%)	Mg(%)	Al(%)	Si(%)	P(%)	S(%)	K(%)	Ca(%)	Ti(%)	Cr(%)	Mn(%)	Fe(%)
1.4404	1.1799	17.0385	58.8465	1.1189	0.0627	4.2363	5.0155	3.9601	0.0342	0.3891	5.9606

---

① a. 涂高潮：《海南古陶瓷》，海南出版社、南方出版社，2008，第92页。

b. 王明忠、邹飞：《海南古陶瓷发展史概述》，江苏人民出版社，2018，第93页。

② 冯先铭：《中国古陶瓷图典》，文物出版社，1998，第43页。

续表

石岭村窑址陶片标本DSL2釉成分分析结果											
Co(%)	Ni(%)	Cu(%)	Zn(%)	As(%)	Rb(%)	Sr(%)	Zr(%)	Ba(%)	Pb(%)	Hg(%)	Au(%)
0	0.008	0.0117	0.0534	0	0.0055	0.0101	0.1512	0.4518	0.0256	0	0
石岭村窑址陶片标本DSL3釉成分分析结果											
Na(%)	Mg(%)	Al(%)	Si(%)	P(%)	S(%)	K(%)	Ca(%)	Ti(%)	Cr(%)	Mn(%)	Fe(%)
1.3297	1.0734	16.9546	54.9098	0.746	0.0605	3.5642	5.7352	5.8669	0.1004	0.4423	8.2028
Co(%)	Ni(%)	Cu(%)	Zn(%)	As(%)	Rb(%)	Sr(%)	Zr(%)	Ba(%)	Pb(%)	Hg(%)	Au(%)
0	0.0057	0.0089	0.016	0	0.0062	0.0216	0.3583	0.5757	0.0217	0	0

表二 定安县黄桐岭窑址陶片标本釉成分分析结果

黄桐岭窑址陶片标本DHT1釉成分分析结果											
Na(%)	Mg(%)	Al(%)	Si(%)	P(%)	S(%)	K(%)	Ca(%)	Ti(%)	Cr(%)	Mn(%)	Fe(%)
1.5576	1.0818	17.0741	61.9783	0.6933	0.015	3.5456	4.7011	1.9495	0.0276	0.3306	6.6286
Co(%)	Ni(%)	Cu(%)	Zn(%)	As(%)	Rb(%)	Sr(%)	Zr(%)	Ba(%)	Pb(%)	Hg(%)	Au(%)
0	0.0038	0.0138	0.0699	0	0.0029	0.011	0.2105	0.1021	0.0028	0	0
黄桐岭窑址陶片标本DHT2釉成分分析结果											
Na(%)	Mg(%)	Al(%)	Si(%)	P(%)	S(%)	K(%)	Ca(%)	Ti(%)	Cr(%)	Mn(%)	Fe(%)
1.3654	0.9794	18.2503	57.04	0.6018	0.139	3.3876	4.7247	1.8613	0.0303	1.0239	10.0503
Co(%)	Ni(%)	Cu(%)	Zn(%)	As(%)	Rb(%)	Sr(%)	Zr(%)	Ba(%)	Pb(%)	Hg(%)	Au(%)
0	0.0033	0.0189	0.1901	0	0.0026	0.0045	0.2602	0.0629	0.0031	0	0
黄桐岭窑址陶片标本DHT3釉成分分析结果											
Na(%)	Mg(%)	Al(%)	Si(%)	P(%)	S(%)	K(%)	Ca(%)	Ti(%)	Cr(%)	Mn(%)	Fe(%)
1.7188	2.4104	16.6384	51.5424	1.3859	0.487	6.3479	5.179	2.5886	0.0475	0.7818	10.185
Co(%)	Ni(%)	Cu(%)	Zn(%)	As(%)	Rb(%)	Sr(%)	Zr(%)	Ba(%)	Pb(%)	Hg(%)	Au(%)
0	0.0078	0.0268	0.1233	0	0.0057	0.0142	0.3876	0.1219	0	0	0

表三 定安县大坡村窑址陶片标本釉成分分析结果

大坡村窑址陶片标本DDP1釉成分分析结果											
Na(%)	Mg(%)	Al(%)	Si(%)	P(%)	S(%)	K(%)	Ca(%)	Ti(%)	Cr(%)	Mn(%)	Fe(%)
1.4717	0.8997	24.5141	56.618	0.0841	0.2606	5.8091	0.8017	3.809	0.0902	0.0569	4.967
Co(%)	Ni(%)	Cu(%)	Zn(%)	As(%)	Rb(%)	Sr(%)	Zr(%)	Ba(%)	Pb(%)	Hg(%)	Au(%)
0	0.0047	0.0081	0.1699	0	0.0092	0.0022	0.1065	0.3073	0.01	0	0
大坡村窑址陶片标本DDP2釉成分分析结果											
Na(%)	Mg(%)	Al(%)	Si(%)	P(%)	S(%)	K(%)	Ca(%)	Ti(%)	Cr(%)	Mn(%)	Fe(%)
1.6191	1.6341	21.8977	53.8788	0.0904	0.025	10.727	2.0838	2.4096	0.0532	0.1225	5.0065
Co(%)	Ni(%)	Cu(%)	Zn(%)	As(%)	Rb(%)	Sr(%)	Zr(%)	Ba(%)	Pb(%)	Hg(%)	Au(%)
0	0.0045	0.0124	0.0256	0	0.0079	0.0017	0.1498	0.2503	0	0	0

表四　三亚市高山窑址陶片标本釉成分分析结果

高山窑址陶片标本 SGS1 釉成分分析结果											
Na(%)	Mg(%)	Al(%)	Si(%)	P(%)	S(%)	K(%)	Ca(%)	Ti(%)	Cr(%)	Mn(%)	Fe(%)
1.5512	1.6941	16.4355	56.3862	0.4888	0.0426	2.9789	15.3399	0.9944	0.0453	0.2062	3.4218
Co(%)	Ni(%)	Cu(%)	Zn(%)	As(%)	Rb(%)	Sr(%)	Zr(%)	Ba(%)	Pb(%)	Hg(%)	Au(%)
0	0.0002	0.0137	0.1012	0	0.0046	0.0451	0.1709	0.0793	0	0	0

表五　陵水黎族自治县古楼窑址陶片标本釉成分分析结果

古楼窑址陶片标本 LGL1 釉成分分析结果											
Na(%)	Mg(%)	Al(%)	Si(%)	P(%)	S(%)	K(%)	Ca(%)	Ti(%)	Cr(%)	Mn(%)	Fe(%)
1.5265	0.8181	22.807	53.9983	0.0987	0.3247	6.0225	1.7385	2.8561	0.0208	0.0798	9.0602
Co(%)	Ni(%)	Cu(%)	Zn(%)	As(%)	Rb(%)	Sr(%)	Zr(%)	Ba(%)	Pb(%)	Hg(%)	Au(%)
0	0.0046	0.0088	0.0787	0	0.0056	0.0251	0.3178	0.2015	0.0069	0	0

表六　琼海市礼都窑址陶片标本釉成分分析结果

礼都窑址陶片标本QLD1釉成分分析结果											
Na(%)	Mg(%)	Al(%)	Si(%)	P(%)	S(%)	K(%)	Ca(%)	Ti(%)	Cr(%)	Mn(%)	Fe(%)
1.4721	0.8744	23.5987	53.7505	0.1581	0.0369	4.943	1.1109	3.4499	0.0414	0.1333	9.4988
Co(%)	Ni(%)	Cu(%)	Zn(%)	As(%)	Rb(%)	Sr(%)	Zr(%)	Ba(%)	Pb(%)	Hg(%)	Au(%)
0	0.0103	0.0133	0.0855	0	0.0061	0.015	0.5586	0.2347	0.0085	0	0

表七　琼海市汪洋窑址陶片标本釉成分分析结果

汪洋窑址陶片标本QWY1釉成分分析结果											
Na(%)	Mg(%)	Al(%)	Si(%)	P(%)	S(%)	K(%)	Ca(%)	Ti(%)	Cr(%)	Mn(%)	Fe(%)
1.3024	0.6972	15.1041	50.6551	0.0966	0.0501	5.2637	20.209	1.2137	0.0638	0.1104	4.1371
Co(%)	Ni(%)	Cu(%)	Zn(%)	As(%)	Rb(%)	Sr(%)	Zr(%)	Ba(%)	Pb(%)	Hg(%)	Au(%)
0	0	0.0102	0.0198	0	0.0019	0.2516	0.762	0.0511	0.0002	0	0

表八　琼海市瓮灶朗窑址陶片标本釉成分分析结果

瓮灶朗窑址陶片标本QWZ1釉成分分析结果											
Na(%)	Mg(%)	Al(%)	Si(%)	P(%)	S(%)	K(%)	Ca(%)	Ti(%)	Cr(%)	Mn(%)	Fe(%)
1.4984	0.9369	17.9431	63.7111	0.4648	0.1026	4.8741	2.9386	1.4129	0.0013	0.4935	5.1526
Co(%)	Ni(%)	Cu(%)	Zn(%)	As(%)	Rb(%)	Sr(%)	Zr(%)	Ba(%)	Pb(%)	Hg(%)	Au(%)
0	0	0.0068	0.069	0	0.006	0.0174	0.2441	0.1264	0.0002	0	0
瓮灶朗窑址陶片标本QWZ2釉成分分析结果											
Na(%)	Mg(%)	Al(%)	Si(%)	P(%)	S(%)	K(%)	Ca(%)	Ti(%)	Cr(%)	Mn(%)	Fe(%)
1.4785	1.1047	18.387	62.2052	0.526	0.0304	4.1181	4.3934	1.6992	0.01	0.2641	5.1436
Co(%)	Ni(%)	Cu(%)	Zn(%)	As(%)	Rb(%)	Sr(%)	Zr(%)	Ba(%)	Pb(%)	Hg(%)	Au(%)
0	0.0004	0.008	0.0477	0	0.0038	0.0272	0.3758	0.1619	0.0152	0	0

表九 万宁市上灶窑址陶片标本釉成分分析结果

上灶窑址陶片标本WSZ1釉成分分析结果

Na(%)	Mg(%)	Al(%)	Si(%)	P(%)	S(%)	K(%)	Ca(%)	Ti(%)	Cr(%)	Mn(%)	Fe(%)
1.4903	1.5462	21.9452	51.4241	0.3605	0.0523	6.3685	6.0079	2.6749	0.0356	0.2796	6.5554
Co(%)	Ni(%)	Cu(%)	Zn(%)	As(%)	Rb(%)	Sr(%)	Zr(%)	Ba(%)	Pb(%)	Hg(%)	Au(%)
0	0.0025	0.0127	0.0297	0	0.0061	0.0203	0.9538	0.2316	0.0028	0	0

上灶窑址陶片标本WSZ2釉成分分析结果

Na(%)	Mg(%)	Al(%)	Si(%)	P(%)	S(%)	K(%)	Ca(%)	Ti(%)	Cr(%)	Mn(%)	Fe(%)
1.3572	0.8914	16.0117	46.2664	0.9356	0.0935	14.722	5.7776	1.631	0.0188	1.084	10.4022
Co(%)	Ni(%)	Cu(%)	Zn(%)	As(%)	Rb(%)	Sr(%)	Zr(%)	Ba(%)	Pb(%)	Hg(%)	Au(%)
0	0.0028	0.0132	0.0453	0	0.0157	0.0158	0.6413	0.059	0.0123	0	0.0031

表一〇 万宁市山根窑址陶片标本釉成分分析结果

山根窑址陶片标本WSG1釉成分分析结果

Na(%)	Mg(%)	Al(%)	Si(%)	P(%)	S(%)	K(%)	Ca(%)	Ti(%)	Cr(%)	Mn(%)	Fe(%)
1.5638	0.8413	19.279	59.9456	0.0715	0.4188	8.9085	0.9745	2.5243	0	0.0789	4.2741
Co(%)	Ni(%)	Cu(%)	Zn(%)	As(%)	Rb(%)	Sr(%)	Zr(%)	Ba(%)	Pb(%)	Hg(%)	Au(%)
0	0.001	0.0107	0	0	0.0044	0.0035	0.9361	0.1485	0.0153	0	0

山根窑址陶片标本WSG2釉成分分析结果

Na(%)	Mg(%)	Al(%)	Si(%)	P(%)	S(%)	K(%)	Ca(%)	Ti(%)	Cr(%)	Mn(%)	Fe(%)
1.4428	0.8756	17.5371	51.7924	0.2675	0.0534	3.478	5.1031	2.7152	0.0383	0.3731	15.1977
Co(%)	Ni(%)	Cu(%)	Zn(%)	As(%)	Rb(%)	Sr(%)	Zr(%)	Ba(%)	Pb(%)	Hg(%)	Au(%)
0	0.0013	0.0061	0.102	0	0.0036	0.0197	0.8439	0.1074	0.0419	0	0

表一一 临高县五尧窑址陶片标本釉成分分析结果

五尧窑址陶片标本LWY1釉成分分析结果

Na(%)	Mg(%)	Al(%)	Si(%)	P(%)	S(%)	K(%)	Ca(%)	Ti(%)	Cr(%)	Mn(%)	Fe(%)
1.3279	4.8119	12.8974	46.5821	0.8209	0.001	3.8225	19.2819	1.8383	0.0881	0.6374	7.3325
Co(%)	Ni(%)	Cu(%)	Zn(%)	As(%)	Rb(%)	Sr(%)	Zr(%)	Ba(%)	Pb(%)	Hg(%)	Au(%)
0	0.0047	0.0086	0.1652	0	0.0038	0.0369	0.2254	0.1058	0.0077	0	0

五尧窑址陶片标本LWY2釉成分分析结果

Na(%)	Mg(%)	Al(%)	Si(%)	P(%)	S(%)	K(%)	Ca(%)	Ti(%)	Cr(%)	Mn(%)	Fe(%)
1.4398	0.9053	17.4936	57.8976	0.3162	0.0083	3.4517	8.9044	1.8134	0.0218	0.2405	7.1688
Co(%)	Ni(%)	Cu(%)	Zn(%)	As(%)	Rb(%)	Sr(%)	Zr(%)	Ba(%)	Au(%)	Hg(%)	Pb(%)
0	0.0028	0.013	0	0	0.0034	0.0263	0.1685	0.121	0	0	0.0036

表一二　东方市窑上村窑址陶片标本釉成分分析结果

窑上村窑址陶片标本DYS1釉成分分析结果											
Na(%)	Mg(%)	Al(%)	Si(%)	P(%)	S(%)	K(%)	Ca(%)	Ti(%)	Cr(%)	Mn(%)	Fe(%)
1.3061	0.8058	20.9488	48.9066	0.4117	0.1934	5.6333	10.6424	1.999	0.028	0.0567	8.4144
Co(%)	Ni(%)	Cu(%)	Zn(%)	As(%)	Rb(%)	Sr(%)	Zr(%)	Ba(%)	Pb(%)	Hg(%)	Au(%)
0	0	0.01	0.0656	0	0.0079	0.0103	0.4065	0.1305	0.023	0	0

陶与瓷难以区分的问题在福建磁灶窑的考古调查中也存在,"由于处在典型的或完全意义上的瓷器和陶器的中间状态,又没有一个量化的标准来确定其瓷抑或陶,因此,磁灶窑产品的质地属性目前尚无判定"[①]。当然,相比较来说,福建窑址"类瓷类陶"器物的胎质明显优于海南岛,即比海南岛的器物更接近于瓷胎;而海南岛有些带釉陶器属于俗称的"砖瓦胎",瓷化的程度较低,在外观上与一般意义上的瓷器有较大差距,故称为带釉陶器还比较准确,直至现在在广大农村还有使用。除却比较成熟的瓷器外,海南岛带釉器物未烧熟和施釉不均匀的现象也极为突出,相当多未烧熟的器物施釉烧造后呈现黄白色或陶器原有胎色,主要以酱绿釉器物最为明显;有些只发现有釉滴,或因保存环境导致磨蚀严重,釉质不易发现,被误认为是无釉陶器,这些都是值得注意的问题。

从海南岛古窑址的烧造器物来看,主要有青釉、青釉釉下彩、酱黄釉、酱绿釉、其他酱釉、素胎等几种类型。其中酱黄釉、酱绿釉实际上应附属于酱釉的范畴,由于酱黄釉与酱釉的其他颜色差异较大,故单独列出;酱绿釉则是因为常见于瓷器的釉色,胎质和釉色的质量明显高于其他酱釉,故也单列一类。除此以外,文中的酱釉的釉色是比较复杂的一个集合,有些偏红,有些偏黑,有些黑红相间,有些甚至杂色斑驳,除少量瓷器外,大部分还是以带釉陶器为主。

图一　海南岛古窑址带釉陶器

第三节　考古发现与调查研究简史

海南岛古窑址的考古调查最早始于1957年,当时海南还未建省,属广东省管辖。广东省

① 福建博物院、晋江博物馆:《磁灶窑址——福建晋江磁灶窑址考古调查发掘报告》,科学出版社,2011,第IX页。

文物管理委员会和广东省文化局文物工作队进行 41 个市县的文物普查时，海南行政区也包含在内。莫稚先生在"中古青瓷窑址"一节中提到在海南的陵水、昌感 7 处发现宋明各代的瓷片[1]。

1960 年，汀迈县（今澄迈县）文化馆的干部在太平公社的碗灶山发现 5 座古瓷窑遗址，广东文管会的曾广亿等先生接到报告后进行了实地田野考古调查，发现 5 座窑属于同一时期，且其中 4 座保存较好，发现碗、盘、杯、瓶等器物，但未发现支烧窑具。曾广亿先生对采集的标本进行了简要整理，对碗、盘、杯、瓶 4 种器物的造型、胎、釉和花纹等方面做了简述，并以此依据，初步推断窑址年代为元[2]。有研究者认为这 5 座瓷窑就是后来的福安窑，但笔者从《海南岛汀迈古瓷窑调查记》中的绘图（图二）来看，这 5 座瓷窑的窑址位于现在的太平村附近，是金江的东部，而福安窑位于金江的西部，这说明碗灶山窑址并不是福安窑。1964 年，曾广亿先生再次赴澄迈地区调查，在《广东博罗、揭阳、澄迈古瓷窑调查》一文中提到他在澄迈县山口公社的碗灶墩、红泥岭、缸瓦墩、深田山和促进山发现了 5 处烧制瓷器的窑址，发现瓷器的器形有碗、碟、杯、壶、盏、盆、秤锤、网坠 8 种，窑具仅见垫饼，釉色有深青、灰青、灰、黑和黄黑 5 种，淡青釉外还绘有简单的青花[3]。曾先生对每种器形还进行了简单的描述，初步推断年代为元代。

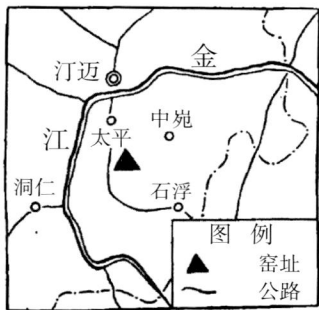

图二 澄迈县碗灶山窑址位置图

20 世纪 90 年代，海南省文管办工作人员为申报全省的文物保护单位，对福安窑进行了调查。由于窑址在福安村境内，根据传统的考古命名习惯，将其定名为福安窑址。

2002 年 5 月至 6 月，海南省文物考古研究所对福安窑址进行了第一次试掘，发掘窑炉 1 座，发掘面积约 150 平方米，清理陶、瓷器堆积坑 3 个，出土元、明、清陶瓷器标本 2500 余件以及大量垫饼等窑具[4]。出土瓷器器形有碗、盘、罐、壶、碟、盆、器盖、香炉、烟斗等生活用具以及鸭、男俑、青蛙、孔雀、棋等雕塑器。出土瓷器釉色有黄釉、青白釉和青花等。根据出土器物的造型、釉色和纹饰等特征，海南省文物考古研究所认为窑址年代当属元明清时期。这次试掘填补了海南省古窑址发掘工作的空白。

2004 年 3 月至 4 月，为了解窑址的保存状况和窑炉的形制结构、烧造地点，海南省文物考古研究所对福安窑址进行了第二次发掘，发掘面积约 400 平方米，发现窑炉 5 座，属龙窑类型的横式阶级窑，由东至西依山坡走势分布[5]。窑炉编号 Y1 与 Y2 保存较好，其余 3 座

---

[1] 莫稚:《一九五七年广东省文物古迹调查简记》,《文物参考资料》1958 年第 9 期。

[2] 曾广亿:《海南岛汀迈古瓷窑调查记》,《考古》1963 年第 6 期。

[3] 曾广亿:《广东博罗、揭阳、澄迈古瓷窑调查》,《文物》1965 年第 2 期。

[4] 郝思德、王大新、王明忠:《澄迈县福安元明清窑址》,载中国考古学会编《中国考古学年鉴（2003）》,文物出版社,2004,第 275—276 页。

[5] 郝思德、王大新:《澄迈县福安清代窑址》,载中国考古学会编《中国考古学年鉴（2006）》,文物出版社,2007,第 338 页。

残存小部分。Y1发现火膛1间，窑室7间。此次发掘出土近千件各类陶瓷器物以及大量的窑具，以垫饼数量最多，釉色有青釉、青白釉、酱褐釉和青花等，器形有罐、壶、碗、盘、钵、碟、盆、杯、器盖、香炉、灯盏、烟斗、瓷权、人头像、孔雀、鸭头、青蛙、龟等。根据出土的清康熙年间大周国吴三桂之孙吴世璠时期的"洪化通宝"初步推断，福安窑址的年代应是清代。郝思德先生在《澄迈福安清代窑址考古发掘的主要收获》[①]中也提出福安窑址应是清代的窑址，原来根据采集的陶瓷片定为元代是有误的。

涂高潮先生的《海南古陶瓷》是第一本系统研究与海南相关的陶瓷器的书籍，该书从新石器时代海南出现陶器开始，历经青铜时代、铁器时代，对不同时期海南已发现的陶瓷遗存包括遗址、墓葬和窑址等都进行了较为全面的总结和研究，同时对海南西沙群岛、南沙群岛和其他岛屿出水陶瓷的遗址及陶瓷器也进行了较为翔实的论述[②]。就陶瓷窑址的部分来说，涂高潮先生将新石器时代就已出现，且海南黎族和云南傣族至今仍在使用的平地堆烧烧造陶器的方法也作为一种窑的形制，由石质制陶工具与制陶的关系推测出海南制陶窑址40余处，并对海南昌江保突村和云南西双版纳傣族的制陶方法进行了简介；还指出青铜时代至汉六朝时期，海南并未发现明显的窑址遗存，唐宋元明清时期窑址则大量出现，共计31处，并将其中的28处窑址分为三个主要窑系——黄流窑系、定安窑系和澄迈窑系，通过表格形式对各个窑址的情况进行了简介，在海南古窑址的研究上迈出了重要一步。

王明忠、邹飞两位先生在《海南古代陶瓷发展史概述》一书中，对海南省相关的古陶瓷发展历史进行了概述，将海南省由新石器时代至明清时期遗址、墓葬和窖藏等出土及附近海域出水陶瓷器进行了梳理，其中还涵盖了海南黎族制陶的工艺[③]；并在书中第五章简要介绍了海南比较著名的几个窑址，尤其是福安窑址，还将本土窑址所出陶瓷器与金牛岭明清墓葬[④]和陵水大兴村明代窖藏瓷器[⑤]做对比研究，认为它们不是同一类型，即后两个地方所出陶瓷器并非本地烧造的。

由海南省博物馆、海南省文物考古研究所编，王大新、郝思德两位先生主编的《澄迈清代福安窑》一书，是海南省文物考古研究所2002年与2004年对福安窑考古发掘的整理报告[⑥]。书中对澄迈古窑址的分布及福安窑址的考古发现情况进行了概述，并对现存的文化遗迹和出土的文化遗物做了较为具体的说明，是海南岛古窑址的研究中对单一窑址的整理和研究最为详细的著作。

2017年12月至2019年3月，国家文物进出境审核海南管理处与景德镇市陶瓷考古所联合对南渡江下游位于澄迈县的福安窑址、美杨窑址、深涌岭窑址、善井碗灶墩窑址、瓦灶墩窑址、碗灶山窑址和儋州碗窑村窑址等几处窑址进行了调查工作，相关的调查资料已基本整理完毕。自2017年初至今，笔者也一直在做海南岛古窑址的调查工作，除与景德镇市陶

① 郝思德：《澄迈福安清代窑址考古发掘的主要收获》，载蔡俐红主编，澄迈县博物馆编《澄迈历史文化图录》，南方出版社，2007，第36—37页。
② 涂高潮：《海南古陶瓷》，海南出版社、南方出版社，2008。
③ 王明忠、邹飞：《海南古陶瓷发展史概述》，江苏人民出版社，2018。
④ 海南省文物考古研究所、海口市博物馆：《海南海口金牛岭明清墓地发掘简报》，《南方文物》2011年第13期。
⑤ 郝思德、陈奋飞：《陵水县大英村明代窖藏瓷器》，载中国考古学会编《中国考古学年鉴（2006）》，文物出版社，2008，第349页。
⑥ 海南省博物馆、海南省文物考古研究所编《澄迈清代福安窑》，北京：科学出版社，2020。

瓷考古所的文博同事一起参与了澄迈县和儋州市的调查外，还对琼海市、定安县、万宁市、三亚市、陵水黎族自治县、临高县、东方市、乐东黎族自治县、白沙黎族自治县、昌江黎族自治县的古窑址进行了调查。除原有窑址的调查外，笔者发现定安大波村和临高昌南村有2处新窑址；文昌市、屯昌县、琼中黎族苗族自治县和海口市暂未发现古窑址遗迹；保亭黎族苗族自治县原定为什南驳窑址的遗迹，从实际调查和出土器物来看，应属于窑藏遗迹。

以上便是海南省有关古窑址方面的考古调查、发掘和研究的现状，众多窑址（不包括平地堆烧窑址）中仅对福安窑做了较多的考古工作。海南省文物考古研究所对福安窑的试掘和发掘工作，填补了海南古窑址研究的空白，对于海南省古窑址研究有着重要意义。不过海南省的古窑址研究工作毕竟还处于起步阶段，对本地古窑址和陶瓷器的研究，相对于对海南出土或出水的外省烧造陶瓷器的研究来说，还较少。具体到每一处窑址，除了福安窑的器物由于进行过发掘，曾出版《澄迈清代福安窑》介绍外，其他窑址烧造器物的情况并未有人做过详细的调查总结，学界对海南古窑址尤其是古陶瓷的认识还相对较少。由于孤悬南海，相对于大陆很多陶瓷大省来说，海南陶瓷器的发展有其滞后性，受诸多条件制约，但在这样的环境下，海南省的窑址依旧在海南岛各处蓬勃发展，成为海南岛古代历史文化的重要载体。对其进行详细的调查和研究，是对海南自身文化发展的尊重，也是了解古代海南手工业技术发展的重要渠道。

近年来，很多新窑址的发现和新考古研究工作的进行，也让我们对海南古窑址产生了很多新的认识。例如福安窑址和碗窑村等窑址中发现的原定为"青花"的器物，根据实际的检测发现，定为"釉下蓝彩"或"釉下绿彩"可能更为合适，原因在本书的第四章会做出具体说明。在福安窑遗址、美杨村遗址和碗窑村等窑址的调查工作中，都发现有大量的类似坛罐状的器物，上部覆有亚字形的盖，为一圆饼左右对称切掉三角弧形的造型，整个盖与罐体一体，并不分开，上部有一对联通的小孔，可供绳子穿过。这种器形原定为瓷权或者盖罐，由于内部实心，为盖罐形制的瓷权可能性更大，但尚无数据和史料予以佐证，还有待讨论。在海南窑业技术的来源问题上，郝思德先生认为从福安窑为横式阶级窑和海南岛移民很多来源于福建的角度进行判断，海南窑业技术应来源于福建[1]。笔者认为这应当是具有合理性的，但窑具和器物方面与福建是不是也有传承关系还有待对比研究，同时海南岛自身的文化因素在海南古窑业中是否有所体现，以及周边的广东、广西的窑业技术是否对海南岛产生影响，都是值得讨论的问题。

海南岛古窑烧造的陶瓷器除受到福建等地区的影响外，很大程度上拥有自身的地域特点，这也决定了本地陶瓷器的断代应是一个存在学术争论的问题。从已有的窑址研究给出的年代来看，除福安窑是依据出土的"洪化通宝"及横式阶级窑的特征，从而初步定为清代外，其他窑址的年代虽由唐至清给出了明确年代，但都没有确切的考古资料和史料予以证实。其实海南岛古窑址年代的研究应还处于起步阶段，有些窑址由于史料缺乏，同时所出器物地域特征明显，给出准确年代并不是一个严谨的做法。当然，由于海南外来移民较多，海南岛陶瓷器无疑会受到移民迁来区的影响，从一些器形和装饰及采集到的外来瓷器都可以对海南陶瓷器进行分析，从而论证其相对的年代，这也是本书探究的重点。

---

[1] 郝思德：《澄迈福安清代窑址考古发掘的主要收获》，载蔡俐红主编，澄迈县博物馆编《澄迈历史文化图录》，南方出版社，2007，第36—37页。

第二章　海南岛古窑址概况

第一节　古窑址分布情况

海南省已发现的 39 处窑业遗存，分布于海南岛上的 12 个市县内，其中琼海市 8 处；澄迈县 7 处；乐东黎族自治县 5 处；定安县 4 处；万宁市 4 处；三亚市 2 处；陵水黎族自治县 1 处；白沙黎族自治县 2 处；临高县 2 处；东方市 2 处；儋州市 1 处；昌江黎族自治县 1 处。（表一三）

表一三　海南岛窑址分布情况一览表

市(县)	窑址数量（处）	窑址名称	原有窑炉（座）	现有窑炉（座）	形制	器物类型
琼海市	8	中墩村窑址（田朗园窑址）	5	5	馒头窑	砖、瓦器
		红花村窑址（上山窑址）	3	0	馒头窑	砖、瓦器
		黄竹坡窑址	1	1	馒头窑	砖、瓦器
		礼都窑址	2	2	馒头窑	素胎和带釉陶器
		瓮灶朗窑址	1	1	馒头窑	带釉陶器
		下埇园窑址	2	2	馒头窑	砖、瓦器
		龙头坡窑址	2	1	馒头窑	砖、瓦器
		汪洋窑址	2	2	馒头窑	带釉陶器、瓷器
澄迈县	7	碗灶墩窑址	2	1	馒头窑	带釉陶器、瓷器
		碗灶山窑址	5	—	—	瓷器
		瓦灶墩窑址	1	1	馒头窑	带釉陶器、瓷器
		深涌岭窑址（深田山窑址）	5	2	龙窑	瓷器
		福安窑址	5	5	横式阶级窑	带釉陶器、瓷器
		红泥岭窑址	1	—	龙窑	—
		美杨村窑址（缸灶墩窑址）	2	1	龙窑	带釉陶器、瓷器
乐东黎族自治县	5	三曲沟窑址（新民村窑址）	8	3	龙窑	带釉陶器
		抱由窑址	7	—	馒头窑	—

市（县）	窑址数量（处）	窑址名称	原有窑炉（座）	现有窑炉（座）	形制	器物类型
乐东黎族自治县	5	田头村窑址	3	—	龙窑	—
		丹村窑址	1	—	馒头窑	—
		羊上村窑址	1	—	馒头窑	—
定安县	4	石岭村窑址	1	1	馒头窑	带釉陶器、泥质红陶
		黄桐岭窑址	2	2	馒头窑	带釉陶器、泥质红陶
		大坡村窑址		1	馒头窑	带釉陶器、泥质红陶
		坡上园窑址	1	—	馒头窑	
万宁市	4	琉川窑址	1	0	—	—
		山根窑址	1	1	龙窑	带釉陶器、瓷器
		上灶村窑址	1	1	龙窑	素胎和带釉陶器
		下灶村窑址	1	—	龙窑	
三亚市	2	儒学塘窑址	3		馒头窑	陶砖
		高山窑址	1	1	馒头窑	带釉陶器、泥质红陶
陵水黎族自治县	1	古楼窑址	1	0	龙窑	带釉陶器
白沙黎族自治县	2	什吾村窑址	1	—		素胎和带釉陶器
		九架老村窑址	1	—		带釉陶器
临高县	2	五尧村窑址	5	4	龙窑	带釉陶器、泥质红陶、瓷器
		昌南村窑址		1	龙窑	带釉陶器、泥质红陶
东方市	2	窑上村窑址	2	2	馒头窑	带釉陶器、瓷器
		镇州窑	2	0	馒头窑	—
儋州市	1	碗窑村窑址	5	5	馒头窑	带釉陶器、瓷器
昌江黎族自治县	1	旧县村窑址	1	0	—	带和陶器、泥质红陶、瓷器

注：—为信息不明；0代表已灭失；原有窑炉列为空格表明为新发现窑址。

第二节　古窑址的调查与发现

根据整体的调查和发现来看，海南岛的古窑址主要生产瓷器、带釉陶器和素胎陶器三大类产品。这三类产品之间有部分器物并没有清晰的分类界限。例如，有些素胎红陶或灰陶器上也可看到零星的釉滴，但又没有一般带釉陶器坚硬的质地；有些带釉陶器和瓷器的造型、大小和釉色完全一致，只是胎、釉的质地上可能因烧造温度的差异而存在一定的不同，这也给器物的分类造成了一定的困难。为了便于器物的研究，同时考虑到带釉陶器和素胎陶器本来也属于陶器的范畴，器形上很多都保持一致，故在进行器物分型时部分器物放在一起讨论是相对合理的。

一、定安县

从实际探查和原有的考古资料来看，定安县已发现古窑址 4 处，其中大坡村窑址为 2019 年新发现的窑址遗存。

（一）石岭村窑址

石岭村窑址位于定安县龙河镇石岭村西北面石灶坡的田坎边，《定安县文物志》中提到石岭村窑址发现的陶器种类包括碗、盘、盆、罐、瓶、壶、香炉、缸等民间的生活实用器[①]。2018 年 12 月的调查工作中，发现馒头窑 1 座，保存比较完整，由于窑址已被草木覆盖，仅在边缘采集到少量陶片，主要为带釉陶器，器形主要有罐等。

1. 器物

罐　根据口、颈部不同分为两型。

A 型　石岭村窑：2，口部残片，直口微敞，小平沿，方唇，束颈，灰胎夹杂有细小砂粒，外壁施酱釉，口径约 10 厘米。（图三）

B 型　石岭村窑：1，口部残片，似缸略小，敛口，平沿，圆唇，灰胎夹杂有砂粒，留有口沿较小，外壁施酱釉，口径约 20 厘米。（图四）

图三　石岭村窑：2

图四　石岭村窑：1

2. 特征

陶片胎质以灰胎为主，另见有极少量的红黄胎和黄白胎，部分胎体有夹层未烧熟的现象，出现中层灰黑胎、边层灰白胎的现象。胎土内有较多的白色砂质颗粒，但胎质整体较为坚致，推测烧成温度相对较高。

大部分陶片表面有一层很薄的酱色釉，由于磨损严重，部分器体内壁亦有少量酱釉痕迹，经 EDX3600L 型能量色散 X 荧光光谱仪对 4 件带釉陶器片的釉料和胎体进行分析（表一），发现酱釉与胎体所含元素一致，成分中钙、铁元素含量比胎相对要高，铝含量相对较低，其余相差不大。由于含钙量较高，应不是铅釉，而是石灰釉。石岭村窑址原定年代为明末清初，但其釉色和器形等，多符合清代以后陶器的特征。

据村民介绍，石岭村窑址约在清末停止烧造，周边原为村庄居住区，抗日战争时期村民

[①] 定安博物馆：《定安县文物志》，中山大学出版社，1987，第 13 页。

因战火而搬离。

（二）黄桐岭窑址

黄桐岭窑址位于定安县南海农场黄带村 2 千米外的黄桐岭，窑址分为东、西两窑，现存两处窑包，相距百米左右，因原定年代不同，故分为两窑分析。

1. 西窑

西窑较高，因近代人类活动，窑顶已经塌陷，但仍留有较高土丘，四周散落较多的陶瓷器碎片，品种有泥质红陶、带釉陶器两种，带釉陶器以灰胎和灰黑胎为主，较定安石岭村窑址采集标本的胎体更为细腻，内含细小的砂质颗粒。黄桐岭西窑原定为明代古窑，但根据其器形和酱釉的表面特征等，瓷碗年代推测为清代以前，其余带釉陶器为清代以后烧造。

（1）器物

《定安县文物志》记载，西窑发现有盆、钵、罐、碗、瓮、缸、壶、盘、杯、瓶等器形[1]，原有调查中在窑顶曾捡到质地较薄的小杯 2 个，制作粗糙。2018 年的再次调查中，瓷质器物仅发现碗的残片；泥质红陶仅见瓮、瓦；带釉陶器以瓮、罐的造型较为多见；另发现一件接近瓷质的素胎鱼形器。

碗　黄桐岭西窑：4，底部残片，底部和腹部残片，弧腹，矮圈足，胎质细腻，胎体呈黄白与灰黑色相杂，圈足底部和下腹部均无釉，底径约 6 厘米。（图五）

图五　黄桐岭西窑：4

罐　分为三种，一种小口长束颈，另两种似缸略小，口唇略有差异。

A 型　黄桐岭西窑：1，口部残片，直口，小平沿，方唇，长束颈，深腹，灰胎，整体施酱釉，口径 20 厘米。（图六）

B 型　黄桐岭西窑：2，口部残片，口部微敛，平沿，圆唇，深腹，口沿下的上腹部有斜置的手捏桥形系，砖红胎，胎质粗糙，外壁施较薄的酱釉，接近素胎。口径 26 厘米。（图七）

---

[1] 定安博物馆：《定安县文物志》，中山大学出版社，1987，第14—15页。

C 型　黄桐岭西窑：3，底部残片，直口，平沿，方唇，深腹，灰胎，胎质粗糙，外壁施酱釉，口径约10厘米。（图八）

图六　A 型黄桐岭西窑：1　　　　图七　B 型黄桐岭西窑：2　　　　图八　C 型黄桐岭西窑：3

瓮　根据口沿的大小和唇部的不同分为三种。

A 型　黄桐岭西窑：7，底部残片，口部微敛，平沿，尖圆唇，口沿下的上腹部有手捏桥形系，深腹，砖红胎，胎质粗糙，器壁施较薄的酱釉，接近素胎，口径约36厘米。（图九）

B 型　黄桐岭西窑：8，底部残片，口部微敛，大平沿，尖圆唇，深腹，平底，黄白胎，器壁基本无釉，接近素胎，口径约38厘米。（图一〇）

C 型　黄桐岭西窑：9，底部残片，口部微敛，平沿，圆唇，深腹，平底，灰胎，器壁施较薄的酱釉，接近素胎，口径约30厘米。（图一一）

图九　A 型黄桐岭西窑：7　　　　图一〇　B 型黄桐岭西窑：8　　　　图一一　C 型黄桐岭西窑：9

筒瓦　黄桐岭西窑：6，残件，整体呈拱桥形，灰胎，胎质粗糙，通长约5.5厘米，厚约0.8厘米。（图一二）

图一二　黄桐岭西窑：6

鱼形器　黄桐岭西窑：5。黄桐岭窑址的陶瓷片基本是素面无纹，但这个片状带刻纹的鱼形器，整体呈较薄的片状，圆圈状眼，鱼鼻孔、鱼头与鱼身的分界线都有刻划细线。鱼体一面戳刻有繁密的鱼鳞纹饰，鱼鳞戳起直立却并未剔掉，呈现立体鱼鳞的效果，背部和腹部都有简单的刻划线条来表现背鳍和腹鳍；鱼体另一面素面，整体形象生动朴实，充满生活情趣。鱼体尾部残缺，灰白胎，胎质致密细腻。鱼形器通长约 10.5 厘米，最宽约 9.0 厘米，厚约 0.6～0.8 厘米。鱼形器在现有的考古资料中较为少见，接近瓷质的素胎片状鱼形器更为罕见。（图一三）

图一三　黄桐岭西窑：5

（2）特征

采集的带釉陶器标本的釉色以酱色为主，部分因磨蚀严重，类似陶衣。利用 EDX3600L 型能量色散 X 荧光光谱仪分别对 4 件带釉陶器片（表二）进行分析，可以看出酱釉与胎体所含元素一致，酱釉成分中钙、铁元素含量比胎高，铝含量相对较低，其余相差不大，这与定安县石岭村窑址酱带釉陶器片的结果一致。

2. 东窑

东窑保存较为完好，较西窑土丘略低，窑门已堵塞，窑边已被开垦为菜地。东窑采集的陶器标本主要以泥质红陶和带釉陶器为主，带釉陶器多见灰胎和灰黑胎，内含细小的砂质颗粒，胎体厚薄不一，可能与器形有关。由于窑业堆积文化层尚未被破坏，周边采集的陶片较少，泥质红陶器形仅见瓮；带釉陶器器形有碗、盆、瓮、罐等；瓷器仅见硯。

（1）器物

瓮　根据唇部不同分为两种。

A 型　黄桐岭东窑：7，口部残片，敛口，平沿，圆唇，砖红胎，胎质粗糙，表面施有一层较薄的釉质，接近素胎，口径约 32 厘米。（图一四）

B 型　黄桐岭东窑：8，口部残片，敛口，平沿，方唇，平底，砖红胎，胎质粗糙，表面有一层较薄的釉质，接近素胎，口径约 35 厘米。（图一五）

图一四　A型黄桐岭东窑：7

图一五　B型黄桐岭东窑：8

罐　分为两种，一种小口高领，一种似缸略小。

A型　黄桐岭东窑：5，口部残片，直口，平沿，方唇，长束颈，素面，灰胎，胎质粗糙，表面施有一层较薄的釉质，接近素胎，口沿约8厘米。（图一六）

B型　黄桐岭东窑：6，口部残片，多敛口，平沿，圆唇，深腹，从其他残片来看，口沿下的上腹部有手捏桥形系，系多为斜置，有手指按压痕迹，灰胎，胎质粗糙，表面施有一层较薄的釉质，接近素胎，口径约23厘米。（图一七）

图一六　黄桐岭东窑：5

图一七　黄桐岭东窑：6

碗　有圈足和饼足两类，根据圈足的不同又可以分为两种。

A型　圈足碗，根据足部高矮分为两个亚型。

Aa型　黄桐岭东窑：1，底部残片，矮圈足，近卧足，弧腹，黄白胎，胎质细腻，施酱绿釉不及底，碗心无釉、有明显的垫烧圈状痕迹，底径约7厘米。（图一八）

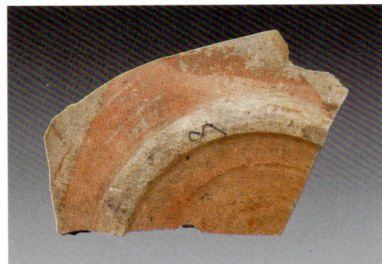

图一八　Aa型黄桐岭东窑：1

Ab 型　黄桐岭东窑：3，底部残片，敞口，弧腹，较高圈足，红黄胎，胎质粗糙，施酱釉不及底，内壁施釉，口径约 16 厘米，底径约 8 厘米。（图一九）

图一九　Ab 型黄桐岭东窑：3

B 型　黄桐岭东窑：2，腹部以上残，饼足，弧腹，底部及下腹部未见施釉，黄白胎，胎质细腻，碗底略平，接近盘的造型，整体素面无纹，饼足底部有明显刷痕，底径约 4 厘米。（图二〇）

图二〇　B 型黄桐岭东窑：2

（2）特征

陶片口沿下的上腹部有手捏桥形系，应是缸、罐器物的残片。整体来看，碗类器物的胎质更为细腻，都为瓷胎，明显优于缸类和盆类等器物。笔者推测饼足碗的年代早于其他器物，后期堆积地层破坏，饼足碗与其他晚期器物都暴露于地面。当然具体的烧造时间也有可能与其他陶器相同，这都有待更多的考古资料予以探明。窑址原定年代为清代，根据采集的大部分标本器形和胎釉特征，并考虑到发现饼足碗，笔者推测黄桐岭东窑窑址在宋元就已烧造，并一直延续烧至清代甚至更晚。

（三）大坡村窑址

大坡村有两处窑址：一处窑址现已被推平，改造成养猪场，地面也进行了水泥硬化，已找不到早期遗存的痕迹，养猪场边能查看到的瓦器为中华人民共和国成立后的产品，此处不再赘述；另一处窑址位于大坡村南边的树林中，保存完好，现存一处较大窑包，并背靠高岭，周边散落较多的陶瓷残片，有泥质红陶、带釉陶器和瓷器，同一器形有不同质地，器形以饼足碗、罐和瓮等较为多见。

1. 器物

碗　有饼足和圈足两种。

A 型　饼足碗，根据足部不同分为两个亚型。

Aa 型　大坡村窑：1，口、腹部残，为叠烧粘接的两碗，敞口，弧腹，饼足，白胎泛灰并夹杂细砂粒，胎质略粗糙，内壁施酱釉，外壁未见施釉，碗内心有几处防止粘接的垫砂块组成的叠烧间隔，底径多在 4 厘米。（图二一）同属 Aa 型的大坡村窑：5，饼足底部刻有楷书"正"字，为烧造之前刻制。（图二二）另有大坡村窑：22，施带有深蓝彩的色块的酱釉，此种酱釉类似茶叶末釉，烧制成品较为精美。（图二三）

图二一　Aa 型大坡村窑：1

图二二　Aa 型大坡村窑：5　　　　图二三　Aa 型大坡村窑：22

Ab 型　大坡村窑：2，口、腹部残，敞口，弧腹，饼足，白胎泛灰并夹杂少量砂粒，施酱釉，施釉不及底，碗内心有三个防止粘接的垫砂块组成的间隔，底径多在 6 厘米。（图二四）

图二四　Ab 型大坡村窑：2

B 型　圈足碗，根据圈足的不同可分为两个亚型。

Ba 型　大坡村窑：3，口、腹部残，敞口，弧腹，大圈足，足内心有鸡心状突起，灰白胎，胎质略粗，内外均施釉，外壁施釉及足，釉层脱落严重，足底仅有少量釉滴，碗内心有五处叠烧防止粘接的垫砂脱落后的痕迹，底径约 5.6 厘米。（图二五）

Bb 型　大坡村窑：4，口、腹部残，敞口，弧腹，大圈足相对较矮，足内相对平整，灰白胎，内外壁均施釉，外壁施釉不及底，足外壁有少量釉滴，足底无釉，碗内心有防止粘接的垫砂块痕迹，并书一草体褐彩的"福"字，底径 7.6 厘米。（图二六）

图二五　Ba 型大坡村窑：3

图二六　Bb 型大坡村窑：4

罐　可分为五型。

A 型　大坡村窑：6，口部残片，直口微侈，小平沿，圆唇，高领，灰胎，胎质粗糙，施酱釉，口沿约 8 厘米。（图二七）

B 型　大坡村窑：7，口部残片，直口，平沿，尖圆唇，灰胎，胎质粗糙，仅口沿部分施酱釉而偏黑，腹部以下未见施釉，口沿约 26 厘米。（图二八）

C 型　大坡村窑：8，口部残片，直口，小平沿，宽圆唇，短束颈，灰白胎，胎质粗糙，施酱釉，口沿约 17 厘米。（图二九）

D 型　敛口，近平沿，深腹，平底，根据腹部的深浅可分为两个亚型。

Da 型　大坡村窑：13，口部残片，敛口，近平沿，圆唇，口沿下有斜置的手捏桥形系，深腹，灰胎，胎质粗糙，口沿上部施酱釉，下部及腹部有较薄的釉层，接近素胎，口径约 20 厘米。（图三〇）

Db 型　大坡村窑：14，口部残片，敛口，卷沿，尖圆唇，口沿下有斜置的手捏桥形系，深腹，灰胎，胎质粗糙，器壁有较薄的酱釉，接近素胎，口径约 23 厘米。（图三一）

E 型　大坡村窑：11，口部残片，敛口，斜直沿，圆唇，深腹，平底，砖红胎，胎质粗

图二七　A 型大坡村窑：6

图二八　B 型大坡村窑：7

图二九　C 型大坡村窑：8

图三〇　Da 型大坡村窑：13

图三一　Db 型大坡村窑：14

图三二　E 型大坡村窑：11

糙，口沿部施酱釉，下部及腹部有较薄的釉层，接近素胎，口径约 22 厘米。（图三二）

　　缸　口径一般在 40 厘米左右。

　　A 型　大坡村窑：9，口部残片，直口，平沿，大圆唇，深腹，灰胎，胎质粗糙，施酱釉，口沿残存较小。（图三三）

　　B 型　大坡村窑：10，口部残片，直口，平沿，大方唇。大方唇上部微凸似一小圆唇，下部有一道弦纹浅槽，浅槽下部又有绕颈一周的凸弦纹。深腹，砖红胎，胎质粗糙，口沿施酱釉，腹部无釉，口径约 38 厘米。（图三四）

图三三　A 型大坡村窑：9

图三四　B 型大坡村窑：10

　　盆　根据口部差异分为两型。

　　A 型　大坡村窑：12，口、腹部残片，敛口，近平沿，尖圆唇，深腹，灰胎，胎质粗糙，口部施有少量酱釉，下部及腹部有较薄的釉层，接近素胎，口径约 37 厘米。（图三五）

　　B 型　大坡村窑：15，口、腹部残片，似盒，口部微敛，子母口，沿外撇，弧腹下收，应有盖缺失，黄白胎，胎质粗糙，素胎，口径约 20 厘米。（图三六）

图三五　A 型大坡村窑：12　　　　　　　　　图三六　B 型大坡村窑：15

　　器盖　大坡村窑：16，可复原，顶部捉手为四角攒尖式，下部盖体近平，子母口已损坏，灰胎，胎质粗糙，整体施酱黑釉，盖径 5.6 厘米，高 3.5 厘米。（图三七）

　　半环形器　大坡村窑：17，部分残损，整体呈半环形，上部有四个乳钉状突起，乳钉之间还有刻划的细线相连。环形器一侧有粘连的平面痕迹，似为大型器物的配件。灰白胎，胎质粗糙，表面还施有薄薄一层酱釉，通长约 5.3 厘米，高约 1.2 厘米。（图三八）

图三七　大坡村窑：16

图三八　大坡村窑：17

　　柄形器　大坡村窑：18，整体呈喇叭形，柄部较长，口部比柄径略大。上柄部有一双面钻的圆孔，内部中空，灰胎，胎质粗糙，外壁整体施酱黑釉，内壁无釉，高约 8.5 厘米，残存口径约 5 厘米。（图三九）

图三九　大坡村窑：18

　　象棋子　大坡村窑：20，圆饼形，上下面各有一刻写的楷书"士"字，字体规整，应是实用的象棋子，素胎，胎色较白，直径约 2.5 厘米，高约 0.7 厘米。（图四〇）

　　此外，在窑址附近采集到一胎质细腻的圈足，灰白色胎，瓷化程度较高。（图四一）该圈足和窑址所出瓷器不同，根据胎质和器形，判断不是本地窑址烧造，推测为浙江、福建的产品。

图四〇　大坡村窑：20　　　　　　　　图四一　大坡村窑：24

2. 窑具

垫座　大坡村窑：19，可复原，上部为一饼形平面，下部为喇叭形高圈足，灰胎并夹杂较多砂粒，上部平面直径约 17 厘米，足径约 8 厘米，高约 5 厘米。（图四二）

圆坨形器　大坡村窑：21，整体布满窑汗（釉质），残，一面平整，一面中间高、四周低，胎质为夹砂红陶，质地较粗，应是窑内器具，直径约 16 厘米。（图四三）

图四二　大坡村窑：19　　　　　　　　图四三　大坡村窑：21

圈形器　大坡村窑：25，残，整体应呈圆环形，中空较小，砖红素胎，胎质粗糙，推测为垫烧的窑具。（图四四）

3. 特征

从窑址采集器物的胎体来看，碗类器物的胎质相对细腻，但也夹杂较多的砂质颗粒，尤其是大圈足碗的这种现象更为明显，胎质相对粗松，介于瓷器和带釉陶器之间。饼足碗和大圈足碗叠烧方式一致，大部分碗心有明显的叠烧痕迹，垫烧隔具为三个以上的粗糙砂块，烧造时间应差异不大。器物釉色以酱釉为主，酱釉发红。不少器物酱釉中夹杂黑褐的釉色，釉层多施于内壁，外壁施釉不及底。带釉陶器的酱釉外壁上还发现施有青黄釉的弦纹（图四五）等装饰。

图四四　大坡村窑：25　　　　　　　　图四五　大坡村窑：23

从烧造器物的种类和数量来看，饼足碗最多。值得注意的是，饼足碗上还有施酱釉加深蓝彩的装饰，推测为釉质分量不均匀导致。大坡村窑发现的象棋子，胎质细腻，瓷化程度高，和酱釉加褐彩一样应是大坡村窑址烧造的精品器物。另有一件饼足碗碗底刻有楷书"正"字，可能为窑厂标记或定做器物的标记。在窑址附近另采集到一件碗底，胎质极为细腻，灰白色，小圈足较高，从其胎质来看，推测为元代龙泉窑系的产品。

（四）坡上园窑址

窑址位于定安县龙塘镇坡上园村，根据原有记录和涂高潮先生《海南古陶瓷》的记录，现存馒头窑1座，窑址直径约25米，高约6米，有较多的陶瓷片堆积，主要器形有黑带釉陶器盏、酱带釉陶器罐等，但2019年寻访村民并结合实际调查未发现窑业遗存，是否灭失有待考证。

二、澄迈县

海南省澄迈县古窑址沿着美杨河溯流而下，已发现多处古窑址遗迹。2017年下半年，国家文物进出境审核海南管理处联合景德镇市陶瓷考古研究所对澄迈县中兴镇附近的窑址再次进行了探查工作，尤其是对美杨村窑址和深涌岭窑址暴露的窑址断面的遗物分层进行了采集，这批标本现放置于澄迈县博物馆内。这批标本包括各种釉色、器形的陶瓷器标本和垫烧器具等。笔者以此批标本为主要研究对象，对其进行类型学的区分和胎釉成分的分析，研究其历史和科技价值，总结出美杨村窑址和深涌岭窑址自身的时代特点。从美杨河周围的窑址采集的标本，与美杨村窑址和深涌岭窑址有很多相似之处，可能反映了同一时期澄迈地区窑业发展的状况，也对整个海南地区窑业的研究具有重要的意义。

（一）碗灶墩窑址

碗灶墩窑址位于澄迈县金江镇善井村西北约500米处，临近善井洋。现存较大的圆丘形窑包，坡上种植有小叶桉村并有较多的杂草灌木。在窑包四周发现少量的带釉陶器和瓷器，主要有罐、碗等。善井洋原为南渡江一支流，因河水断流，中华人民共和国成立初期，村民把河床改良种田。原定为元代窑址。

1. **器物**

（1）酱釉

罐 分为两型。

A型 碗灶墩窑：8，口、腹部残片，四系高领罐，直口，平沿，高领，丰肩，鼓腹，平底。灰胎，胎质粗糙，罐内无釉，口沿施釉不均，颈部绘有几何"之"字形褐彩，肩部绘有褐彩旋纹4圈，腹部绘有水波纹，颈部留有两个系，口径10厘米，残高15厘米。（图四六）

B型 碗灶墩窑：9，口、腹部残片，大口罐，折沿，鼓腹，灰胎，胎质粗糙，内壁施酱绿釉，外壁有较薄的釉层，接近素胎，口沿与外壁均无釉，口径17.6厘米，残高9.8厘米。（图四七）

图四六　A 型碗灶墩窑：8

图四七　B 型碗灶墩窑：9

（2）酱绿釉

碗　根据腹部的弧度不同分为两型。

A 型　碗灶墩窑：4，圈足深腹碗，可复原，敞口，深弧腹，圈足，灰白胎，胎质细腻，胎体及足墙厚重，酱绿釉，脱釉严重，施釉及腹，足底无釉，碗内壁有弦纹装饰纹饰，口径16 厘米，高 6.5 厘米，足径 5.8 厘米。（图四八）

图四八　A 型碗灶墩窑：4

B 型　碗灶墩窑：1，饼足深腹碗，可复原，敞口，深弧腹，饼足，灰白胎，胎质细腻，碗内施酱绿釉，釉色泛黄，粘有窑渣，外壁及底不施釉，涩胎，修足不规整，口径 18.2 厘米，高 6 厘米，足径 4.6 厘米。（图四九）

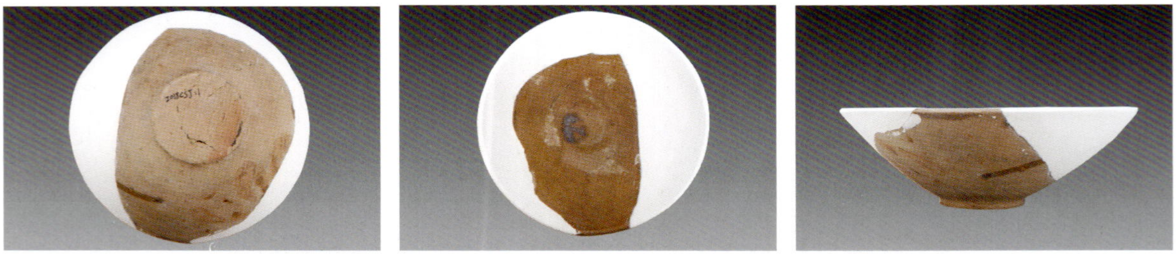

图四九　B 型碗灶墩窑：1

2. 特征

碗灶墩窑址的碗类器物在胎质上更为细腻，明显优于其他器类。碗和罐上的褐彩圆圈纹、水波纹和三角纹等装饰，推测是生烧的釉质。在澄迈现保存较好的 5 座窑址中，仅在碗灶墩窑址未发现青釉瓷器。从所采集器物的造型、釉色、纹饰等来看，碗灶墩窑址器物的年代明显早于澄迈县其他窑址，器形上和其他省份元代器物相似，推测窑址年代为元。

（二）深涌岭窑址

深涌岭窑址位于澄迈县金江镇高山朗水库东南 150 米处的山坡上，窑址西北约 50 米处现有一大土坑，可能为取土烧制瓷器形成。现山坡上散落较多的瓷器残片。根据实际的探查，发现主要器形以碗和盘为主，另有少量垫饼。烧制品种主要是青釉，部分青釉有釉下的褐绿彩装饰。釉面有些有细碎的冰裂纹，部分釉面出现蓝白色的窑变现象。器体一般上部满釉，碗底不施釉，碗心留有明显的叠烧痕迹。窑址年代原定为宋代，但从实际的采集情况看年代应该偏晚。深涌岭窑址相比其他烧造瓷器的窑址，呈现出了专门化作业的特点，烧造器物中未发现在附近的福安窑址、美杨村窑址以及儋州碗窑村窑址中常见的青黄釉瓷器和带釉陶器，全是青釉瓷器，少量带釉下绿彩。器形也极为单一，仅见碗、盘和小杯。窑址周围地表已种植经济作物，破坏较为严重。

1. 青釉

碗　分为四型。

A 型　深涌岭窑：31，可复原，敞口，斜直腹，矮圈足，足墙内收，灰白胎，胎质细腻，青釉泛灰，施釉不及底，碗心及碗内壁下部刮釉一圈，仅中心处留有较小的近圆形釉层，足底无釉、有明显的旋削痕，修足规整，足底心有乳状突起，口径 13.3 厘米，高 4.6 厘米，足径 6.9 厘米。（图五〇）

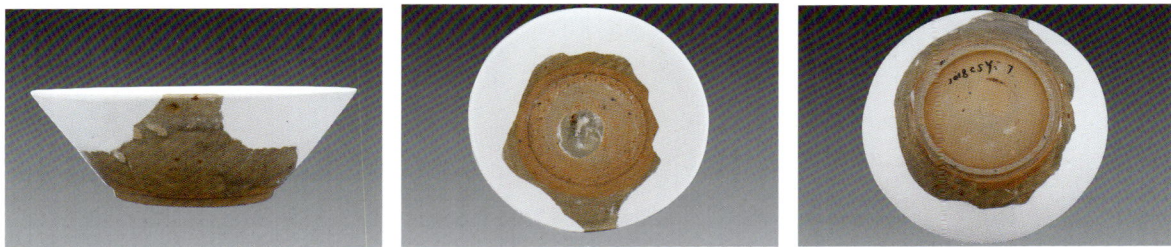

图五〇　A 型深涌岭窑：31

B 型　深涌岭窑：6，可复原，敞口，斜直腹，圈足较高，挖足过肩，白胎泛灰，胎质细腻，青釉泛灰，施釉不及底，碗内底心刮釉一圈，仅中心处留有较小的近圆形釉层，碗外壁有叠烧残留的两层碗壁残片，足底无釉、有明显的旋削痕，修足规整，足底心有小乳突，口径 12 厘米，高 5 厘米，足径 6.2 厘米。（图五一）

图五一　B 型深涌岭窑：6

C 型　深涌岭窑：19，可复原，两残碗叠烧粘连，敞口，斜直腹，圈足较高，挖足过肩，灰胎，胎质细腻，表面有较多的冰裂纹，施釉不及底，碗内底心刮釉一圈，足底无釉、

有明显的旋削痕，修足规整，口径 16.5 厘米，通高 6.4 厘米，足径 9.4 厘米。（图五二）

图五二　C 型深涌岭窑：19

D 型　深涌岭窑：28，可复原，敞口微侈，斜直腹，矮圈足，足墙内收，灰胎，胎质细腻，施青釉泛灰，施釉不及底，足底和碗心无釉、有明显的旋削痕，修足规整，足底心有乳突，口径 10 厘米，高 3.3 厘米，足径 5.8 厘米。（图五三）

图五三　D 型深涌岭窑：28

杯　整体造型大体一致，根据饼足和圈足的区别分为两型。

A 型　深涌岭窑：26，圈足杯，可复原，两杯叠烧粘连，口部微侈，斜直腹，圈足，足墙内收，白胎泛黄，胎质细腻，青釉泛黄，施釉不及底，足底和杯心无釉，口径 9.8 厘米，通高 5.9 厘米，足径 4.8 厘米。（图五四）

图五四　A 型深涌岭窑：26

B 型　深涌岭窑：3，饼足杯，可复原，侈口，弧腹，饼足，灰胎，胎质细腻，施青釉，施釉及底，仅足底和杯心无釉，器壁有网状的冰裂纹，足底微向内凹，口径 7.2 厘米，高 3.4 厘米，足径 3.2 厘米。（图五五）

盘　深涌岭窑：23，可复原，敞口，浅弧腹，圈足，足墙内收，白胎泛黄，胎质细腻，青釉泛白，施釉不及底，盘内底心刮釉一圈，足底无釉、有明显的旋削痕，修足规整，盘壁外有旋削痕，足底心有乳突，口径 14.5 厘米，高 3 厘米，足径 8 厘米。（图五六）

图五五　B 型深涌岭窑：3

图五六　深涌岭窑：23

2. 釉下彩

杯　分为两型。

A 型　深涌岭窑：34，饼足杯，可复原，侈口，弧腹，饼足，足底心内凹，灰胎泛黄，胎质细腻，施青釉泛灰，施釉不及底，杯心刮釉，足底无釉，口部有釉下蓝彩的弦纹，口径7 厘米，高 3.7 厘米，足径 3 厘米。（图五七）

图五七　A 型深涌岭窑：34

B 型　深涌岭窑：35，玉璧底杯，可复原，侈口，弧腹，饼足，灰胎泛黄，胎质细腻，施青釉泛黄，器壁有网状的冰裂纹，施釉不及底，杯心刮釉，足底无釉。外壁饰以釉下蓝彩的纹饰，有花草纹和一草体“寿”字，口径 7.2 厘米，高 4.3 厘米，足径 2.3 厘米。（图五八）

图五八　B 型深涌岭窑：35

盘　深涌岭窑：21，可复原，敞口，浅直腹微弧，足墙内收，白胎泛黄，胎质细腻，施青釉泛黄，施釉不及底，盘内底心刮釉一圈，足底无釉、有明显的旋削痕，修足规整，有流釉现象，外壁绘有釉下蓝彩纹饰，口径14厘米，高3.6厘米，足径8.2厘米。（图五九）

图五九　深涌岭窑：21

碗　都为圈足，根据腹部差异分为两型。

A型　深涌岭窑：30，可复原，敞口微侈，弧腹，大圈足，足墙内收，足端刮釉，灰胎，胎质细腻，施青釉泛灰，施釉不及底，碗内底心刮釉一圈，足底无釉、有明显的旋削痕，修足规整，足底心有乳突，外绘晕散的釉下绿彩纹饰，口径11.9厘米，高4.8厘米，足径6.3厘米。（图六〇）

图六〇　A型深涌岭窑：30

B型　深涌岭窑：7，可复原，敞口，斜直腹，大圈足，足墙内收，足端刮釉，灰胎泛黄，胎质细腻，青釉泛黄，施釉不及底，碗内壁下部刮釉一圈，仅中心处留有近圆形釉层，足底无釉、有明显的旋削痕，修足规整，外绘折枝花卉纹，口径14厘米，高5厘米，足径

图六一　B型深涌岭窑：7

7 厘米。(图六一)

3. 窑具

垫饼　深涌岭窑：27，可复原，整体呈圆饼状，黄白胎，胎质细腻，中部略内凹，造型规整，有较为明显的旋坯痕，直径 14.5 厘米，厚 2.5 厘米。(图六二)

图六二　深涌岭窑：27

垫片　深涌岭窑：20，呈不规则泥片状，表面有圈足垫烧印痕，黄白胎，胎质较粗糙，长 8.6 厘米，宽 5.9 厘米，厚 2.4 厘米。(图六三)

图六三　深涌岭窑：20

4. 特征

深涌岭窑址相比其他窑址，主要烧造单一的青釉和青釉釉下彩瓷器，未见福安窑、美杨窑等窑址中常见的酱釉瓷器和带釉陶器。深涌岭窑址是在一堆积的断面处采集标本，但从采集的标本来看，釉色和器形相差不大，不存在地层中常见的早晚关系，应是同一时期烧造的器物。器物釉色、胎质和碗类器形与附近的福安窑址、美杨窑址部分相同，在时代上相差不大，且就青釉瓷器来看，属于同一窑系。

(三) 福安窑址

福安窑址位于澄迈县中兴镇福安村北约 2 千米的促进山的东南方向，共 5 座横式阶级窑，窑址于 1964 年广东省文物工作者考古调查时发现，2002 年和 2004 年海南省文物考古研究所两次对福安窑址进行发掘，共出土文物数千件，包括碗、壶、杯、盅、香炉、盆、灯盏、烟斗、瓷权等，釉色有青釉、青花釉、酱釉等。原有研究从窑址的形制和出土的钱币等因素推测，将年代定为清代。

1. 器物

(1) 青釉

碗　都为圈足，根据腹部差异分为两型。

A 型　福安窑：14，可复原，敞口微侈，弧腹近斜直，大圈足，灰白胎，胎质细腻，整体施青釉，釉色泛灰，釉层较薄，外壁施釉不及底，碗心无釉但涂抹类似酱釉的褐彩斑块，足底无釉、有明显的旋削痕，足内壁外撇，修足规整，足底心有乳突，口径 13.3 厘米，高 4.4 厘米，足径 7.9 厘米。（图六四）

图六四　A 型福安窑：14

B 型　福安窑：12，可复原，敞口，弧腹，大圈足，黄白胎，胎质细腻，整体施青釉，釉色泛黄，釉层较薄，有网状的冰裂纹，外壁施釉不及底，碗心无釉但涂抹类似酱釉的褐彩斑块，足底无釉、有明显的旋削痕，足内壁外撇，修足规整，足底心有乳突，口径 14.2 厘米，高 4.6 厘米，足径 8.1 厘米。（图六五）

图六五　B 型福安窑：12

碟　福安窑：40，可复原，敞口，浅弧腹，圈足，黄白胎，胎质细腻，釉色因生烧发白，外壁施釉不及底，碗心无釉，足底无釉、有明显的旋削痕，修足规整，足底边缘斜削一刀，底心有乳突，口径 9.8 厘米，高 2.7 厘米，足径 6.2 厘米。（图六六）

图六六　福安窑：40

盘　福安窑：6，可复原，敞口，浅弧腹，生烧，黄白胎，胎质细腻，釉色因生烧发白，外壁施釉不及底，碗心无釉，足底无釉、有明显的旋削修足痕，口径 12.4 厘米，高 3.3 厘米，足径 6 厘米。（图六七）

图六七 福安窑：6

（2）酱釉

执壶 福安窑：32，可复原，直口，高领，溜肩，深腹，平底，上腹一侧置流，流对称一侧置把手，把手已残缺，白胎微泛黄，胎质细腻坚致，内外壁施酱釉，外壁酱釉泛黄，内壁泛红，口沿刮釉，施釉不及底，器腹有明显的拉坯痕迹，残高 10.1 厘米，口径 7 厘米。（图六八）

图六八 福安窑：32

盆 福安窑：25，可复原，敞口，宽平沿，尖圆唇，弧腹，平底，灰胎，胎质略粗，内外壁施酱釉，内壁施釉不均，口沿和底部无釉，盆内外壁有明显的拉坯痕，足底粘有窑渣，上腹部残留斜置一手捏桥形系，推测为双系或四系，口径 24 厘米，残高 8.9 厘米，足径 14.3 厘米。（图六九）

图六九 福安窑：25

罐 福安窑：36，口、腹部残片，唇口，矮领，丰肩，肩部置有手捏桥形系，深腹，灰胎，胎质较粗，整体施酱釉，肩部和腹部相接处有一周防止烧造过程中粘接的垫砂块，口径 24 厘米，残高 8.9 厘米，足径 14.3 厘米。（图七〇）

碗 分为三型。

图七〇 福安窑：36

A 型 福安窑：41，可复原，敞口，弧腹近斜直，大圈足，白胎微泛黄，胎质细腻，内外壁都施半截酱釉，碗心无釉、涂抹褐彩斑块，足底无釉、有明显的旋削痕，足内壁外撇，

修足规整，足底心有乳突，口径 15 厘米，高 4.7 厘米，足径 8.3 厘米。（图七一）

B 型　福安窑：42，可复原，敞口已变形，弧腹，大圈足，白胎微泛黄，胎质细腻，内外壁都施半截酱釉，足底无釉、有明显的旋削痕，足内壁外撇，修足规整，足底心有乳突，口径 14.4 厘米，高 5 厘米，足径 8 厘米。（图七二）

图七一　A 型福安窑：41

图七二　B 型福安窑：42

C 型　福安窑：35，口、腹部残，弧腹，大圈足，白胎微泛黄，胎质细腻，外壁施酱釉，施釉及底，内壁施青釉，内壁下部刮釉一周，足底粘接一圆形垫饼，口径 14.4 厘米，高 5 厘米，足径 8 厘米。（图七三）

图七三　C 型福安窑：35

（3）青釉釉下彩

盘　福安窑：46，可复原，口部略微变形，敞口，折腹，大圈足，灰胎，胎质细腻，青釉泛灰，施釉不及底，碗内壁下部刮釉一圈，仅中心处留有近圆形的酱绿釉层，足底无釉、有明显的旋削痕，修足规整，外壁绘以釉下蓝彩花卉纹图案，口径 13.6 厘米，高 4.2 厘米，足径 7.8 厘米。（图七四）

图七四 福安窑：46

碗 根据圈足的差异分为三型。

A 型 福安窑：38，可复原，敞口微侈，弧腹近斜直，大圈足，灰白胎，胎质细腻，整体施青釉，釉色泛灰，釉层较薄，外壁施釉不及底，绘以釉下蓝彩团花纹和类似草书的文字图案，碗心无釉但涂抹类似酱釉的褐彩斑块，足底无釉、有明显的旋削痕，足内壁外撇，修足规整，足底心有乳突，口径 13.6 厘米，高 4.2 厘米，足径 7.8 厘米。（图七五）

图七五 A 型福安窑：38

B 型 福安窑：37，口、腹部残，仅余圈足，大圈足，灰白胎，胎质细腻，施青釉，釉色泛灰，釉层较薄，外壁施釉及底，足底有釉，碗内心刮釉一周，碗心留釉处绘以釉下蓝彩（可能因烧造温度的差异，部分呈现出褐彩）团花纹图案，团花纹造型复杂，中部为圆形，围以 20 余片花瓣，圈足与腹部相接处有一圈釉下蓝彩弦纹，修足规整，足底心有乳突，口径 13.6 厘米，高 4.2 厘米，足径 7.8 厘米。（图七六）

图七六 B 型福安窑：37

C 型 福安窑：30，为釉下蓝彩残片，口部残片，敞口微侈，弧腹，灰胎，胎质细腻，施青釉，外绘花卉纹。（图七七）

（4）酱绿釉

盆 福安窑：24，可复原，敞口，宽平沿，尖圆唇，弧腹，平底，灰胎，胎质略粗，内外壁施酱釉，内壁施釉

图七七 C 型福安窑：30

不均，口沿和底部无釉，盆内外壁有明显的拉坯痕，足底粘有窑渣，上腹部残留一斜置手捏桥形系，推测为双系或四系，口径23.3厘米，高8.2厘米，足径14厘米，与酱釉盆应属于同一器形。（图七八）

图七八　福安窑：24

（5）素胎

器盖　福安窑：23，可复原，瓷胎，盖面整体呈二级同心圆台阶状，顶中部置圆柱状纽，纽下部为两层盖面，下部盖面接有较高的子口，子口底内收，盖内部中空，整体造型规整，有明显的旋痕，胎质细腻坚致，盖最大径7.8厘米，纽径1.6厘米，通高3厘米，口径5.5厘米。（图七九）

图七九　福安窑：23

烟斗锅　福安窑：34，应是组合型器物，与其他材质的柄嘴配合使用。烟斗锅整体呈中部鼓起的柱体，侧面开一圆孔，顶部有斗笠状开孔，与一侧开孔相通，胎质细腻坚致，顶径2厘米，腹径2.6厘米，底径1.8厘米，高2.3厘米，上孔1.6厘米，侧孔0.8厘米。（图八〇）

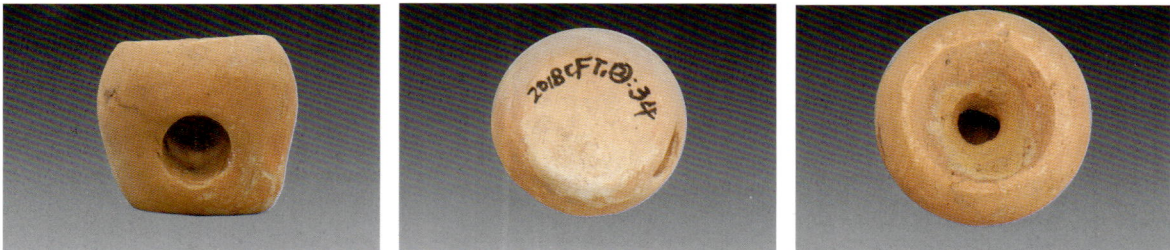

图八〇　福安窑：34

甑　福安窑：22，深腹，平底，腹部和底部有分布较为均匀的十几个孔洞，胎质细腻坚致，应与其他器具组合使用，残高6厘米，足底15.5厘米。（图八一）

图八一　福安窑：22

2. 窑具

垫饼　福安窑：29，基本完整，整体呈圆饼状，黄白胎，胎质坚致细腻，接近瓷胎，中部略内凹，造型规整，有较为明显的旋坯痕，上面边缘有一周支烧痕，最大直径11.7厘米，厚2.4厘米。（图八二）

图八二　福安窑：29

垫钵　福安窑：33，直口，斜直腹下部折收至底，平底，黄白胎，胎质坚致细腻，接近瓷胎，造型规整，有较为明显的旋坯痕，口径6.8厘米，高4.5厘米，足径4厘米，腹径7.6厘米。（图八三）

图八三　福安窑：33

从福安窑两次发掘的考古年鉴[①]来看，除以上器形外，福安窑还烧造鸭、男佣、孔雀、棋子、器盖、香炉、瓷权、人头像、龟等产品，仅清理窑炉就发掘数千件器物，并包含多种釉色和器形，可见其产量和器物品种之多。

[①]a. 郝思德、王大新、王明忠：《澄迈县福安元明清窑址》，载中国考古学会编《中国考古学年鉴（2003）》，文物出版社，2004，第275—276页。

　　b. 郝思德、王大新：《澄迈县福安清代窑址》，载中国考古学会编《中国考古学年鉴（2006）》，文物出版社，2007，第338页。

3. 特点

福安窑以烧造瓷器和带釉陶器为主，包含青釉、青釉釉下彩、酱釉、酱绿釉等多种釉色，其中酱釉根据其釉色的深浅差异，实际也可以细分为多个分色，如酱红色、酱褐色等。陶器和瓷器的分别在器形上也有一定程度的表现，如碗、盘、壶、碟、灯盏、瓷权等瓷器在形制上都相对较小，带釉陶器罐、盆等则相对较大。瓷器的胎质相比带釉陶器更为细腻坚致，但要指出的是部分带釉陶器胎质也较为坚致，接近瓷胎。

福安窑的带釉陶器上有刻划弦纹和水波纹装饰，还发现有蛙形装饰，这与儋州碗窑村窑址烧造的器物相同。

（四）美杨村窑址

原记录中，考古人员在美杨村附近发现 3 处窑址，其中较大的一处位于距离美杨村 1 千米的缸灶墩东面陡坡上，有窑炉 2 座。在 2017 年的调查中仅发现美杨村窑址遗迹 3 处，但都未找到具体的窑炉位置，其中原被称作缸瓦墩窑址的遗址点遗存比较丰富，在窑址堆积的断面处分层采集到了一批陶瓷器，器形有盆、碟、碗、壶、杯等。其余两处位于美杨村北部，定名为美杨村北 a 和美杨村北 b，仅发现少量陶瓷器遗物。

1. 器物

（1）青釉

碗 根据形制差异可分为七型。

A 型 美杨窑②：8，可复原，侈口，弧腹，圈足，外足墙微内收，灰白胎，胎质细腻，整体施青釉，釉色泛白，外壁有明显流釉，上部釉层较厚，下层较薄，施釉及底，碗内心刮釉一周，足底无釉、有明显的旋削痕，修足规整，足底心有乳突。口径 13.4 厘米，高 5.5 厘米，足径 6.8 厘米。（图八四）

图八四 A 型美杨窑②：8

B 型 美杨窑②：3，可复原，小圆唇，敞口微侈，弧腹，高圈足，外足墙微内收，足端刮釉，灰白胎，胎质细腻，整体施青釉，生烧釉层不均匀，施釉及足，碗内心刮釉一周，足底无釉、有明显的旋削痕，修足规整，足底心有乳突。口径 14.9 厘米，高 5.4 厘米，足径 7.3 厘米。（图八五）

图八五　B型美杨窑②：3

C型　美杨窑③：23，可复原，小圆唇，敞口，高圈足，内足墙微外撇，足端刮釉，灰白胎，胎质细腻，整体施青釉，施釉均匀及足，碗内心规整地刮釉一周，足底无釉、有明显的旋削痕，修足规整，足底心有乳突。口径14.2厘米，高5.1厘米，足径7.4厘米。（图八六）

图八六　C型美杨窑③：23

D型　美杨窑：38，可复原，小圆唇，敞口，弧腹近斜直，大圈足，外壁粘连有一块叠烧的碗口，灰白胎，胎质细腻，整体施青釉，釉色泛灰，釉层较薄，外壁施釉不及底，碗心无釉但涂抹类似酱釉的褐彩斑块，足底无釉、有明显的旋削痕，足内壁上部旋削一刀，足底修足规整，足底心有乳突，口径13.4厘米，高5.1厘米，足径7.2厘米。（图八七）

图八七　D型美杨窑：38

E型　美杨窑③：35，可复原，圆唇，敞口，弧腹近斜直，大圈足，灰白胎，胎质细腻，整体施青釉，釉色泛灰，釉层较薄，外壁施釉不及底，碗心无釉但涂抹类似酱釉的褐彩斑块，口沿下部有明显的蓝白色窑变，足底无釉、有明显的旋削痕，足内壁外斜，足底修足规整，心有乳突，口径14.5厘米，高4.1厘米，足径8.6厘米。（图八八）

图八八　E型美杨窑③：35

F 型　美杨窑：9，可复原，折腹碗，三碗叠烧粘连，敞口，折腹，大圈足，灰白胎，胎质细腻，整体施青釉，釉色泛灰，釉层较薄，外壁施釉不及底，口沿下部有明显的蓝白色窑变，足底无釉、有明显的旋削痕，足内壁外斜，修足规整，足底心有乳突，口径 15.6 厘米，通高 7.5 厘米，足径 7.1 厘米。（图八九）

图八九　F 型美杨窑：9

G 型　器壁遍布冰裂纹，根据形制不同可分为两个亚型。

Ga 型　美杨窑北 b：3，可复原，类似于哥釉风格，两个碗叠烧粘连，圆唇，敞口，腹斜直微鼓，矮圈足，灰白胎，胎质细腻，整体施青釉，遍布明显的黄色冰裂纹，外壁施釉不及底，碗心刮釉，足底无釉、有明显的旋削痕，修足规整，足底心有乳突，口径 13.8 厘米，通高 5.1 厘米，足径 8 厘米。（图九〇）

图九〇　Ga 型美杨窑北 b：3

Gb 型　美杨窑北 a：4，可复原，类似于哥釉风格，两个碗叠烧粘连，圆唇，敞口，弧腹，矮圈足，灰白胎，胎质细腻，整体施青釉，遍布明显的黄色冰裂纹，外壁施釉不及底，碗心刮釉，足底无釉、有明显的旋削痕，修足规整，足底心有乳突，口径 15.6 厘米，通高 5.8 厘米，足径 7.8 厘米。（图九一）

图九一　Gb 型美杨窑北 a：4

瓷权　美杨窑：101，两个瓷权上下粘连，上部有亚字形盖，为圆形盖切掉两处对称的弧形三角，鼓腹，实心，整体施青釉，施釉不及底，有明显的流釉现象，近底部有酱色的薄釉层，通高 18.7 厘米，盖径 10.2 厘米，腹径 13 厘米，足径 8.8 厘米。（图九二）

图九二　美杨窑：101

碟　分为两型。

A 型　美杨窑③：40，可复原，圆唇，敞口，弧腹近斜直，大圈足，灰白胎，胎质细腻，整体施青釉，釉色泛灰，釉层较薄，外壁施釉不及底，碗心有薄釉并涂抹类似酱釉的褐彩斑块，足底无釉、有明显的旋削痕，足内壁外撇，足底修足规整，口径 10.8 厘米，高 3.6 厘米，足径 6.5 厘米。（图九三）

图九三　A 型美杨窑③：40

B 型　美杨窑：41，可复原，圆唇，敞口，弧腹近斜直，大圈足，灰白胎，胎质细腻，整体施青釉，釉色泛灰，釉层较薄，外壁施釉不及底，碗心有薄釉并涂抹类似酱釉的褐彩斑块，足底无釉、有明显的旋削痕，足内壁与 A 型略有差异，整体外撇，足底修足规整，口径 11.8 厘米，高 3.5 厘米，足径 6.8 厘米。（图九四）

图九四　B 型美杨窑：41

壶　美杨窑：43，可复原，流部残损，把手缺失，方唇，直口微侈，高领，溜肩，深腹，圈足，略大于器腹，灰白胎，胎质细腻，整体施青釉，釉色泛灰，釉层较薄，外壁施釉不及底，足底无釉、有明显的旋痕，壶内壁施满釉，足底心有乳突，口径 4.8 厘米，高 11.1 厘米，足径 5.8 厘米。（图九五）

图九五 美杨窑：43

盘 分为四型。

A 型 美杨窑：3，可复原，圆唇，敞口，弧腹，内足墙内收，整体施青釉，生烧，釉色泛黄白，釉层较薄，外壁施釉不及底，足底无釉、有明显的刮削痕，盘心有类似酱釉的褐彩斑块，足底心有乳突，口径 15.2 厘米，高 4.3 厘米，足径 8.2 厘米。（图九六）

图九六 A 型美杨窑：3

B 型 美杨窑：80，可复原，足部残片，弧腹，大圈足，足内壁微外撇，足墙较厚，盘内心微向下凹，灰白胎，胎质细腻，整体施青釉，内外壁爆釉现象较多，施釉不及底，足底无釉、有明显的刮削痕，盘内底心刮釉一圈，中部似有未烧熟的釉层，残高 5.8 厘米，足径 12.3 厘米。（图九七）

图九七 B 型美杨窑：80

C 型 美杨窑：81，可复原，圆唇，敞口，上弧腹，大圈足，灰白胎，胎质细腻，整体施青釉，施釉不及底，腹部有明显的拉坯痕，足底无釉、有明显的刮削痕，盘内底心刮釉一圈，中部有近圆形釉层，口径 24.8 厘米，高 5.8 厘米，足径 11.4 厘米。（图九八）

图九八 C 型美杨窑：81

D 型 美杨窑②：39，可复原，圆唇，敞口，浅弧腹，大圈足，灰白胎，胎质细腻，整体施青釉，釉色泛灰，釉层较薄，外壁施釉不及底，内壁施满釉，足底无釉、有明显的旋削痕，足底心有乳突，口径9.2厘米，高2.5厘米，足径5.8厘米。（图九九）

图九九 D型美杨窑②：39

器盖 美杨窑：135，可复原，整体呈圆形，微鼓，上附中孔的圆形抓手，弧腹，灰白胎，胎质细腻，整体施青釉，遍布明显的黄色冰裂纹，内壁不施釉，沾有窑渣，纽径3.7厘米，盖直径12.5厘米，残高3.5厘米。（图一〇〇）

图一〇〇 美杨窑：135

（2）酱黄釉

罐 分为两型。

A型 美杨窑②：26，口、腹部残片，四系高领罐，直口，小平沿，方唇微圆，高领，丰肩，深腹，颈部原有四个手捏桥形系，一系残，白胎泛黄，胎质粗糙，外壁施酱黄釉，内壁无釉，口沿内有拉坯痕和手指痕迹，口径10厘米，残高12厘米。（图一〇一）

B型 美杨窑北a：6，口、腹部残片，大口罐，直口，大平沿，方唇微圆，鼓腹，口沿下有一系，灰胎，胎质粗糙，外壁施酱黄釉，口沿无釉，罐内壁施釉不均，口径32.5厘米，残高8.5厘米。（图一〇二）

图一〇一 A型美杨窑②：26

图一〇二 B型美杨窑北a：6

（3）酱釉

急须　美杨窑⑥：16，可复原，整体呈矮梨形，直口，方唇，矮领，鼓腹，平底，上腹部一侧有中空的近圆柱形的柄，腹部置流，流嘴残断，灰胎，胎质较粗，内外壁皆施酱釉，外壁施釉及底，底部无釉，内壁施釉不均，底部无釉，有4个锥形小足，口径5.6厘米，足径6.8厘米，高6.6厘米。（图一〇三）

图一〇三　美杨窑⑥：16

罐　分为四型。

A型　美杨窑③：12，可复原，敞口微敛，平沿，圆唇不甚规整，口沿下部有一手捏桥形系，深腹，平底，砖红胎，胎质较粗，内外施釉不均，釉质生烧呈现土黄色，类似于陶衣，根据其他酱釉器物未烧熟的釉色推测釉层为酱釉，口径31厘米，高25.5厘米，足径18厘米。（图一〇四）

B型　美杨窑⑤：11，口、腹部残片，直口微敛，大平沿，尖圆唇，口沿下部有一手捏桥形系，灰胎，胎质粗糙，罐外壁施满釉，罐内壁施釉不均，口沿无釉，酱釉泛红，局部泛出黑斑，口径21厘米，残高12.8厘米。（图一〇五）

C型　美杨窑⑤：2，可复原，器壁变形，直口，小平沿，方唇，高领，颈下部有两个手捏桥形系，丰肩，肩部有烧造时防止粘接留下的几处砂块痕迹，深腹，平底，灰胎，胎质粗糙，外壁施酱釉，釉色发黑，内壁无釉，口沿施釉不均，罐内壁有明显的拉坯痕和手指印，罐外壁施釉及腹，足底无釉，口径9厘米，高29厘米。（图一〇七）

D型　美杨窑④：21，口、腹部残片，双系小罐，直口微侈，小平沿，方唇，束颈，肩部残留有一手捏桥形系，溜肩，鼓腹，灰胎，胎质粗糙，外壁施酱釉，釉色斑驳，酱红色和蓝白色杂间分布，罐内无釉，罐内口部有釉，口径8厘米，残高7.6厘米。（图一〇六）

图一〇四　A型美杨窑③：12　　　图一〇五　B型美杨窑⑤：11　　　图一〇六　D型美杨窑④：21

图一〇七　C型美杨窑⑤：2

壶　根据系的位置差异，可分为两型。

A型　美杨窑④：6，口、腹部残片，四系壶，直口，平沿，方唇，束颈，溜肩，肩部残留两个手捏桥形系，上腹部两系之间置流，灰胎，胎质粗糙，整体施酱釉，釉色局部泛黄，口径9厘米，残高8.1厘米。（图一〇八）

图一〇八　A型美杨窑④：6

B型　美杨窑：115，口、腹部残片，溜肩，深腹，上腹部残留一系，系旁置一把手，把手下有一突出小纽，外壁施酱釉，壶内壁仅口沿有釉，残高8.5厘米。（图一〇九）

图一〇九　B型美杨窑：115

盆　美杨窑⑥：1，口、腹部残片，敞口，宽平沿，尖圆唇，弧腹，平底，灰胎，胎质略粗，内外壁施酱釉，内壁施釉不均，口沿和底部无釉，盆内外壁有明显的拉坯痕，口径30厘米，高13.5厘米，足径22厘米。（图一一〇）

图一一〇　美杨窑⑥：1

刮削器 美杨窑⑥：15，为一平板状，残留部分一倭角，推测为近似方形的倭角器，正面有倒刺，采用类似于剔刻的技法，是将坯体的泥块剔刻成鼓起却并未剔掉，另一面素面可平行放置，由此推测可能为炊食器，类似现在的带鱼鳞状擦刀的铁质擦丝器，可将部分蔬菜擦成丝状。残宽 5.2 厘米，残长 6.1 厘米，残高 1.5 厘米。（图一一一）

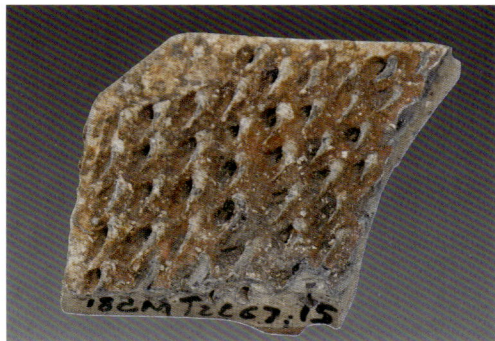

图一一一　美杨窑⑥：15

碗 美杨窑北 a：12，可复原，敞口微侈，弧腹，大圈足，白胎微泛黄，胎质细腻，内外壁都施半截酱釉，碗心无釉、涂抹褐彩斑块，足底无釉、有明显的旋削痕，足内壁外撇，修足规整，口径 14 厘米，高 5 厘米，足径 7.8 厘米。（图一一二）

图一一二　美杨窑北 a：12

器盖 美杨窑⑥：18，可复原，盖面呈圆形，顶中部置矮圆柱状纽，纽面有旋削痕，纽下部为盖面，盖面弧拱，盖面下部接有较高的子口，子口微内收，盖内部中空，整体造型略微变形，有明显的旋痕，胎质细腻坚致，施釉不均，釉色发灰黑推测为生烧，器盖内粘有窑渣，根据其大小推测为急须的器盖，纽径 2.3 厘米，盖直径 5.2 厘米，通高 1.6 厘米。（图一一三）

图一一三　美杨窑⑥：18

（4）青釉釉下彩

盘　分为两型。

A 型 美杨窑：50，可复原，敞口，浅弧腹，大圈足，足端刮釉，灰胎，胎质细腻，整体施青釉，施釉及足，足底无釉、有刮痕，盘内底心刮釉一圈、施釉不均，足底心有乳突，内壁近口处绘青花旋纹一圈，内壁腹部绘团花纹饰，外壁近口处绘青花旋纹一圈，近足处绘青花旋纹一圈，口径 18.5 厘米，高 4 厘米，足径 9.6 厘米。（图一一四）

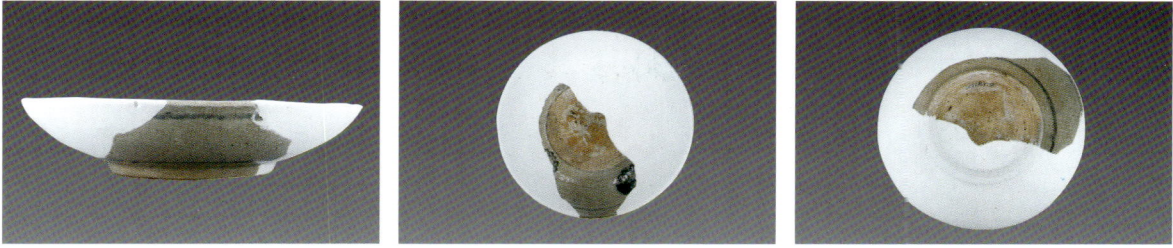

图一一四　A 型美杨窑：50

B 型　美杨窑：51，可复原，圆唇，敞口，浅弧腹，大圈足，白胎泛灰，胎质细腻，整体施青釉，施釉及足，足底无釉、有刮痕，盘内底心无釉，有流釉现象，内壁绘有青花纹饰，口径 14 厘米，高 3.6 厘米，足径 8.2 厘米。（图一一五）

图一一五　B 型美杨窑：51

碗　根据腹部差异分为三型。

A 型　美杨窑③：49，可复原，敞口微侈，弧腹，大圈足，白胎泛黄，胎质细腻，整体施青釉，生烧釉色泛白，釉层较薄，外壁施釉不及底，绘两组釉下绿彩花卉纹饰，碗内底心刮釉一圈，足底无釉、有明显的旋削痕，足内壁外撇，修足规整，足底心有乳突，口径 14.5 厘米，高 6.3 厘米，足径 7.7 厘米。（图一一六）

图一一六　A 型美杨窑③：49

B 型　美杨窑：18，可复原，敞口微侈，弧腹较 A 型略低，大圈足，白胎泛黄，胎质细腻，整体施青釉，生烧釉色泛白，釉层较薄，外壁施釉及底，绘釉下绿彩花卉和蝴蝶纹饰，碗内底心刮釉一圈，足底无釉、有明显的旋削痕，足内壁外撇，修足规整，足底心有乳突，口径 14 厘米，高 4.8 厘米，足径 7.5 厘米。（图一一七）

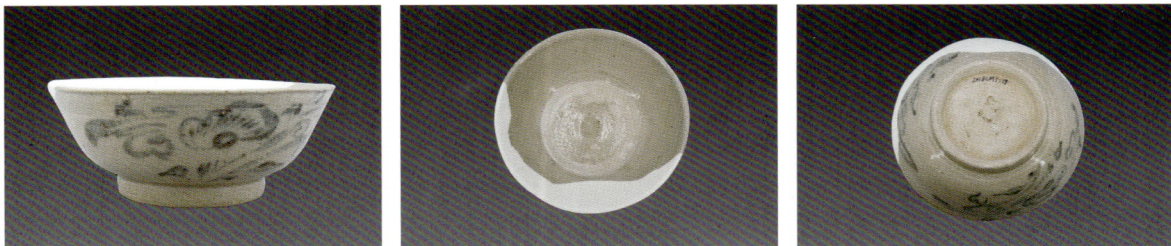

图一一七　B 型美杨窑：18

C 型　美杨窑②：1，侈口，可复原，折腹，高圈足，灰白胎，胎质细腻，整体施青釉，釉色泛白，釉层较薄，外壁施釉及底，足端刮釉，足底无釉、有明显的旋削痕，碗内底刮釉一圈，碗心有圆形似酱釉的褐彩涂抹痕迹，修足规整，足底心有乳突，口径 16 厘米，高 6.2 厘米，足径 7.5 厘米。（图一一八）

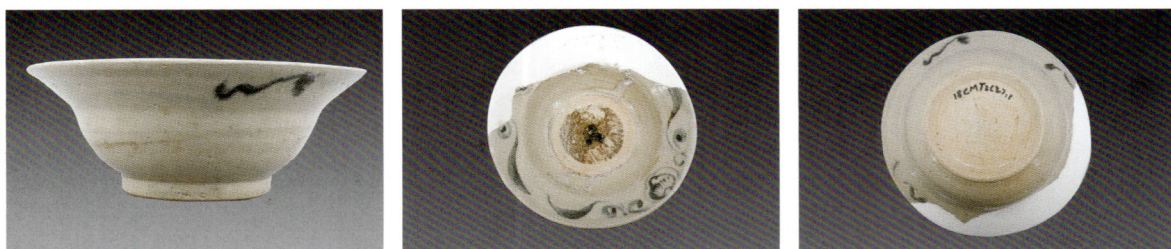

图一一八　C 型美杨窑②：1

（5）酱绿釉

杯　美杨窑：132，口部残，深弧腹，喇叭实心足，白胎微泛黄，柄足较厚，上部施酱绿釉，下部无釉，釉色泛灰，施釉至腹，足底无釉微内凹，残高 5.1 厘米，足径 5.8 厘米。（图一一九）

图一一九　美杨窑：132

圈形器　美杨窑北：11，残，整体呈现圈形，上下两面平行，灰胎，胎质细腻，外壁素胎，饰有红褐色的数道弦纹，内壁施酱绿釉，直径 12.5 厘米，高 3 厘米。（图一二〇）

图一二〇　美杨窑北：11

瓷权　美杨窑③：19，基本完整，上部有亚字形盖，为圆形盖切掉两处对称的弧形三角，鼓腹，实心，整体施酱绿釉，施釉不及底，顶部和底部无釉，腹部有窑渣和脱釉，足底心无釉内凹，盖径 9 厘米，最大腹径 12.4 厘米，足径 8.7 厘米，高 8.1 厘米。（图一二一）

图一二一　美杨窑③：19

灯盏　根据腹部等差异分为三型。

A 型　美杨窑③：44，可复原，圆唇，敞口，浅弧腹，平底，灰胎，胎质细腻，内外壁施酱绿釉，釉色发青，唇口刮釉，仅底部无釉，腹部有较明显的修坯痕，足底心内凹。口径 9.8 厘米，高 2 厘米，足径 5.6 厘米。（图一二二）

图一二二　A 型美杨窑③：44

B 型　美杨窑③：47，可复原，圆唇，敞口，浅腹，平底，白胎泛黄，胎质细腻，内外壁施酱绿釉，釉色泛黄，施釉不及底，唇口刮釉，足底不施釉仅有少许釉滴，口径 9.3 厘米，高 2.2 厘米，足径 9.3 厘米。（图一二三）

图一二三　B 型美杨窑③：47

C 型　美杨窑：131，可复原，圆唇，敞口，浅弧腹，高柄，喇叭足，灰胎，胎质细腻，柄足较厚，内外壁施酱绿釉，施釉均匀，施釉及足，足底无釉、有较明显的修坯痕，口径 9.1 厘米，高 8.3 厘米，足径 9.3 厘米。（图一二四）

图一二四　C 型美杨窑：131

　　急须　美杨窑③：18，整体呈矮梨形，直口，方唇，矮领，鼓腹，平底，上腹部一侧有中空的近圆柱形的柄，腹部置流，流嘴残断，灰胎，胎质较粗，内外壁皆施酱釉，外壁施釉及底，底部无釉，内壁施釉不均，底部无釉，有四个锥形小足，口径 6.6 厘米，腹径 10.8 厘米，高 8.1 厘米，足径 7.4 厘米。（图一二五）

图一二五　美杨窑③：18

　　碟　美杨窑：73，可复原，圆唇，敞口，弧腹近斜直，大圈足，灰白胎，胎质细腻，整体施酱绿釉，釉外壁施釉不及底，碗内壁仅口沿附近有釉，足底无釉、有明显的旋削痕，足内壁外撇，足底修足规整，有乳突，口径 11.3 厘米，高 3.3 厘米，足径 6.3 厘米。（图一二六）

图一二六　美杨窑：73

　　罐　分为三型。

　　A 型　根据上腹部差异分为两个亚型。

　　Aa 型　美杨窑④：1，大口罐，口部残片，直口微敛，大平沿，尖圆唇，深腹，口沿下部有一手捏桥形系，灰胎，胎质粗糙，整体施釉不均，罐外壁施酱绿釉，罐内壁施酱红釉，口沿无釉，口径 29.6 厘米，残高 16.5 厘米。（图一二七）

　　Ab 型　美杨窑③：11，大口罐，口部残片，直口微敛，大平沿，尖圆唇，深腹，口沿下部有一手捏桥形系，灰胎，胎质粗糙，整体施釉不均，罐外壁施酱绿釉，罐内壁施酱红

釉，口沿无釉，口径 22 厘米，高 18.5 厘米，足径 15 厘米。（图一二八）

B 型　美杨窑③：8，口部残片，直口微敛，大平沿，尖圆唇，深腹，灰胎，胎质粗糙，内外壁施酱绿釉，釉色泛红，口沿及靠近口沿的上腹部无釉，腹部一侧有一较大的圆筒形流，口径 24 厘米，残高 10 厘米，流长 2.5 厘米，口沿外壁圆筒形流的直径为 6.5 厘米。（图一二九）

C 型　美杨窑⑤：1，口、腹部残片，直口微敛，小平沿，方唇，高领，颈部与上腹部结合处有手捏条形系，丰肩，深腹，平底，灰胎，胎质较粗，夹有细砂，外壁施酱绿釉，内壁仅口部下方有少量釉层，并有手指印痕，肩部有几处防止器物粘接的垫砂块，环绕一周，口径 10 厘米，残高 19.3 厘米。（图一三〇）

图一二七　Aa 型美杨窑④：1　　图一二九　B 型美杨窑③：8　　图一三C　C 型美杨窑⑤：1

图一二八　Ab 型美杨窑③：11

壶　分为四型。

A 型　美杨窑②：32，壶流残，侈口，束颈，溜肩，鼓腹，高圈足，肩部有相互对称的四个环形系，两系缺失，相邻两系之间有管状流，也已缺失。白胎泛黄，胎质细腻，酱绿釉，光泽莹润，通体施酱绿釉，施釉不及底，足外壁有积釉现象，壶壁有明显的拉坯痕迹，口径 3.4 厘米，通高 9.2 厘米，足径 5.9 厘米。足底与一瓷碗粘连，碗弧腹，圈足，灰胎，施釉及底，足底无釉，修足规整，碗底内心有乳突。（图一三一）

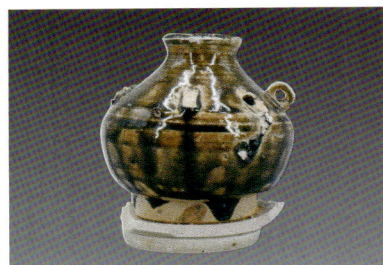

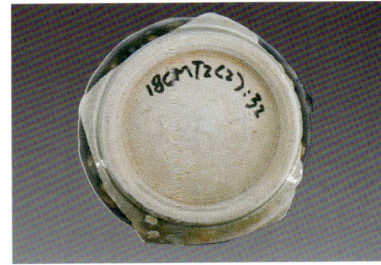

图一三一　A 型美杨窑②：32

B 型　美杨窑④：7，可复原，侈口，斜方唇，短束颈，溜肩，鼓腹，圈足，足墙外撇，

外壁施酱绿釉，大部分已脱釉并粘有较多窑渣，底足无釉，口径 3 厘米，高 6.8 厘米，足径 4.1 厘米。（图一三二）

图一三二 　B 型美杨窑④：7

C 型　美杨窑：122，口、腹部残片，直口，小平沿，方唇，短粗径，鼓腹，颈与腹相接处有一曲管状流，腹上部置流，灰胎，胎质细腻，整体施酱绿釉，施釉不均且有积釉现象，壶内壁部分施酱绿釉，口径 8 厘米，残高 9.2 厘米。（图一三三）

D 型　美杨窑③：6，残，直口，小平沿，方唇，短束颈，溜肩，鼓腹，肩部残留一手捏桥形系和一扁平中部内凹的把柄，灰胎，胎质粗糙，壶外壁施酱绿釉，釉色泛黄，土沁严重，粘有窑渣，壶内壁无釉，口径 4.5 厘米，残高 4.9 厘米。（图一三四）

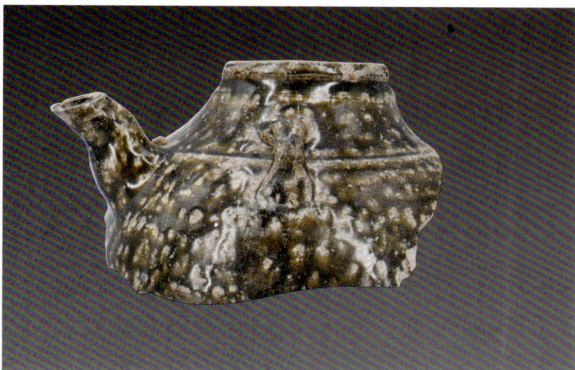

图一三三 　C 型美杨窑：122

图一三四 　D 型美杨窑③：6

炉　分为四型。

A 型　美杨窑北 b：7，可复原，盘口，短束颈，扁鼓腹，高圈足，圈足挖有三个半圆形缺口，黄白胎，胎质细腻，外壁施酱绿釉，施釉及足，炉内与足底无釉，炉内外有几处粘连其他器物的残片，器壁有明显的拉坯痕，口径 16 厘米，高 8.3 厘米，足径 7.2 厘米。（图一三五）

图一三五 　A 型美杨窑北 b：7

B 型　美杨窑北 a：10，口、腹部残，鼓腹，高圈足，足部挖三个"M"字形缺口，白胎泛黄，胎质细腻，外壁施酱绿釉，施釉不及底，炉内与足底无釉，器壁有明显的拉坯痕，下腹部贴塑有圆形人面装饰，人面有清晰的双眼、鼻和嘴部特征，残高 5.3 厘米，足径 10.2 厘米，腹径 15.8 厘米。（图一三六）

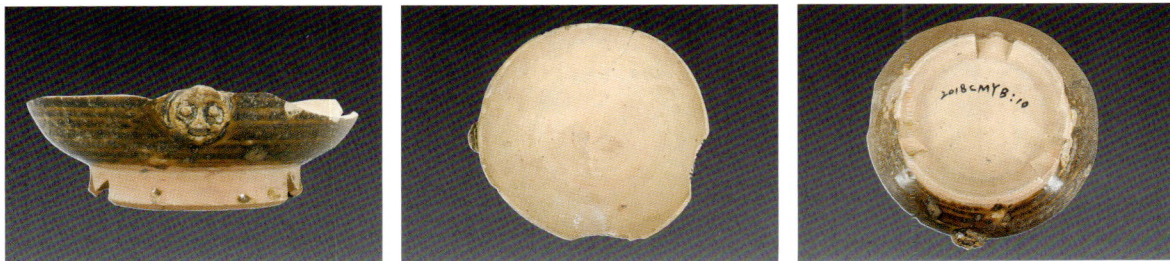

图一三六　B 型美杨窑北 a：10

C 型　美杨窑：134，口、腹部残片，侈口，灰胎，胎质细腻，外壁施酱绿釉，釉色莹润，炉外壁口沿下贴塑有圆形人面，人面有清晰的双眼、鼻和嘴部特征，人面下有一道弦纹，宽 3.7 厘米，残高 3.5 厘米。（图一三七）

D 型　美杨窑②：34，口、腹部残片，筒式炉，直口，筒形腹，外壁施酱绿釉，炉内壁与口部均无釉，炉内外有明显的拉坯痕，口径 11.5 厘米，残高 8.8 厘米。（图一三八）

盆　美杨窑③：9，口、腹部残片，口部微敛，平沿，尖圆唇，鼓腹，平底，灰胎，胎质粗糙，外壁施酱绿釉，口沿刮釉，内壁刷酱釉不匀，盘底无釉、有乱痕，口径 19 厘米，高 10 厘米，足径 12.5 厘米。（图一三九）

图一三七　C 型美杨窑：134　　　图一三八　D 型美杨窑②：34　　　图一三九　美杨窑③：9

碗　分为五型。

A 型　美杨窑：70，可复原，敞口深弧腹碗，小圆唇，深弧腹，圈足，外足壁高直微内收，内足墙外撇，灰白胎，胎质细腻，整体施酱绿釉，施釉不匀，有积釉现象，碗心有少许釉滴、涂抹类似酱釉的褐彩斑块，外壁施釉及足，内心刮釉一圈，足底无釉、有明显的旋削痕，足内壁外撇，修足规整，足底心有乳突，口径 14.2 厘米，高 5.4 厘米，足径 7 厘米。（图一四〇）

图一四〇　A 型美杨窑：70

B型 美杨窑：65，可复原，敞口，弧腹近斜直，大圈足，碗内心近平，灰白胎，胎质细腻，整体施酱绿釉，外壁施釉不及底，碗内底心刮釉并涂抹类似酱釉的褐彩斑块，足底无釉、有明显的旋削痕，修足规整，口径13.8厘米，高4.3厘米，足径7.4厘米。（图一四一）

图一四一　B型美杨窑：65

C型 美杨窑北a：9，可复原，敞口微侈，弧腹近斜直，大圈足，碗内心近平，灰白胎，胎质细腻，整体施酱绿釉，釉色泛黄，外壁施釉不及底，碗内底心刮釉并涂抹类似酱釉的褐彩斑块，足底无釉、有明显的旋削痕，修足规整，口径14.2厘米，高5厘米，足径8.1厘米。（图一四二）

图一四二　C型美杨窑北a：9

D型 美杨窑：61，可复原，足径8厘米，敞口，斜直腹，大圈足，灰白胎，胎质细腻，整体施酱绿釉，外壁施釉不及底，碗内底心刮釉并涂抹类似酱釉的褐彩斑块，足底无釉、有明显的旋削痕，修足规整，口径15厘米，高4.8厘米。（图一四三）

图一四三　D型美杨窑：61

E型 美杨窑③：42，可复原，敞口，弧腹，大圈足，灰白胎，胎质细腻，整体施酱绿釉，外壁施釉及底，碗内底心刮釉，足底施釉、有明显的旋削痕，修足规整，口径15厘米，高5.3厘米，足径8厘米。（图一四四）

图一四四 E型美杨窑③：42

（6）素胎

壶 分为两型。

A 型 美杨窑④：9，口部残片，直口，圆唇，溜肩圆腹，肩部可见两道凸弦纹并置管状流，宽 7.2 厘米，长 6.5 厘米，残高 5 厘米。（图一四五）

B 型 美杨窑③：13，腹部残片，带流，流嘴残断，残宽 7.6 厘米，残长 8 厘米。（图一四六）

图一四五 A型美杨窑④：9　　　　图一四六 B型美杨窑③：13

器盖 美杨窑：137，可复原，器盖，盖面呈圆形，上部呈内凹圆形，下部为盖面，盖面平直，盖面下部接有较高的子口，子口微内收，盖内部中空，有较多的旋痕，整体造型规整，胎质细腻坚致，纽径 8.8 厘米，盖径 11.2 厘米，口径 8.5 厘米，通高 4.3 厘米。（图一四七）

图一四七 美杨窑：137

甑 美杨窑⑥：10，足部残片，直腹已局部变形，平底，底足有六个从底部戳出的扁长小孔，砖红胎，胎质较粗松，外壁施釉，釉质生烧后呈现黄色，残高 6.5 厘米，足径 8 厘米。（图一四八）

图一四八 美杨窑⑥：10

2. 窑具

垫饼　分为两型。

A 型　美杨窑④：15，整体呈圆饼状，黄白胎，胎质坚致细腻，接近瓷胎，中部略内凹，造型规整，上面边缘有一周支烧痕和较为明显的旋坯痕，直径约 7.5 厘米，高约 1.5 厘米。（图一四九）

图一四九　A 型美杨窑④：15

B 型　美杨窑：136，可复原，整体呈圆饼状，黄白胎，胎质坚致细腻，接近瓷胎，饼面中心有一圆形凹槽，凹槽底心处有轮旋痕，侧壁中间有一周凹痕，平底，通高 3 厘米，最大直径 17 厘米，下底直径 16.5 厘米，中间凹槽直径 9.4 厘米，槽深 1.8 厘米。（图一五〇）

垫圈　美杨窑⑥：21，可复原，内卷口，外旋削痕内收，平底，内槽直径 3.8 厘米，整体直径 17.2 厘米，厚 3 厘米。（图一五一）

图一五〇　B 型美杨窑：136

图一五一　美杨窑⑥：21

窑撑　美杨窑⑥：23，整体呈不规则泥团状，有手指印痕，平底，上部斜平，砖红素胎，夹砂，高 10.2 厘米，应是陶器的支烧工具。（图一五二）

图一五二　美杨窑⑥：23

3. 特征

美杨窑与福安窑都归所在地福安村委会管辖，两者在器物等多个方面具有一致性，应属于同一窑系。与福安窑一样，美杨窑也主要以烧造瓷器和带釉陶器为主，包含青釉、青釉釉下彩、酱釉、酱绿釉等多种釉色，其中酱釉根据其釉色的深浅差异，实际也可以细分为多个分色，如酱红色、酱褐色等。陶器和瓷器的分别在器形上也有一定程度的表现，如碗、盘、壶、碟、灯盏、瓷权等瓷器在形制上都相对较小，带釉陶器罐、盆等则相对较大。瓷器的胎质相比带釉陶器更为细腻坚致，但要指出的是部分带釉陶器和素胎器物胎质也较为坚致，接近瓷胎。

（五）碗灶山窑址

碗灶山窑址，又名太平山古窑址，位于澄迈县太平乡碗灶山，原记录有窑炉5座，相距5到30米，面积最大者约225平方米，最小者约100平方米，都为马蹄形窑，附近有四块面积约260平方米的制坯作坊，窑址周围布满窑砖、碗、碟、杯、罐、盏灯遗物，瓷胎多为浅灰色，釉色有青釉、青灰釉和黑釉等，以青釉居多。2019年4月的调查中并未寻到，但碗灶山窑址是除福安窑外有过明确调查信息的窑址，从《海南岛汀迈古瓷窑调查记》[①]来看，青釉和青釉釉下彩的器形（图一五三）有以下几种。

1. 器物

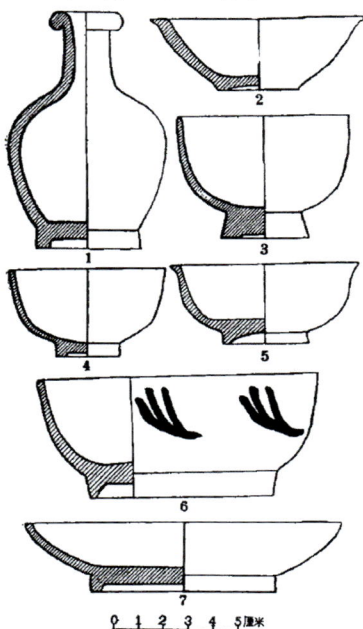

图一五三　碗灶山窑址器形图

（注：1：青釉瓶　2：青釉碟　3：青釉杯A型　4：青釉杯B型　5：青釉小碗　6：青釉釉下彩碗　7：青釉盘）

---

① 曾广亿：《海南岛汀迈古瓷窑调查记》，《考古》1963年第6期。

（1）青釉

碗 有大小两种，侈口，深弧腹，大圈足，整体施青釉，足端刮釉，碗心和足底无釉，大者口径 17 厘米、高 6.5 厘米，小者口径 7.5 厘米、高 3.5 厘米。

瓶 唇口，长颈，溜肩，深腹，下腹部下收，圈足，整体施青釉，瓶壁有少量窑渣，口径 2.7 厘米。

碟 有大小两种，侈口，浅弧腹，大圈足，整体施青釉，碗心和足底无釉，大者口径 13 厘米、高 2.8 厘米，小者口径 8.5 厘米、高 2.5 厘米。

杯 分为两型。

A 型 直口，深腹，高圈足，整体施青釉，口径 7 厘米，高 4.8 厘米。

B 型 敞口略直，深腹，圈足，整体施青釉，口径 6.2 厘米，高 3.7 厘米。

（2）青釉釉下彩

碗 敞口，弧腹，大圈足，整体施青釉，器壁有釉下蓝彩的装饰，口径 11 厘米，高 5 厘米。

2. 特征

碗灶山窑址主要以烧造青釉瓷器为主，黑釉瓷器极少，胎质坚致，一般为灰白胎。高足杯的造型仅见于碗灶山窑址。从器物的种类来看，碗灶山窑址与福安窑址、深涌岭窑址有较多的相似之处，应属于同一窑系。

（六）红泥岭窑址

原记录红泥岭窑址位于善井村委会白山村西北的红泥岭，地表为一隆起的土堆，四周散落些许陶器及砖瓦残片，暂定年代为元。2019 年 3 月的调查中未寻到此处窑址，可能已灭失。

（七）瓦灶墩窑址

瓦灶墩窑址位于澄迈中兴镇大云村附近，临近溪流，采集到的器物种类较少，主要为青釉瓷器和带釉陶器等。

1. 器物

碗 分为两型。

A 型 瓦灶墩窑：6，口、腹部残，大圈足，灰白胎，胎质细腻，施青釉，釉色泛黄，釉层较薄，外壁施釉不及底，碗内壁下部刮釉一周，仅碗心有少量釉层，足底无釉、有明显的旋削痕，口径 14.9 厘米，高 5.4 厘米，足径 7.3 厘米。（图一五四）

图一五四　A 型瓦灶墩窑：6

B 型　瓦灶墩窑：1，底部残片，弧腹，大圈足，足壁外撇，足墙宽厚，灰白胎，胎质细腻，内外壁施黄白釉，内壁釉色泛灰，施釉及底，足底无釉、有明显的旋削痕，修足规整，碗内壁绘有两道褐彩弦纹和花卉纹饰，残高 3.2 厘米，足径 4.6 厘米。（图一五五）另有一件瓦灶墩窑：7 与瓦灶墩窑：1 的造型相同，只是釉色等略有差异。（图一五六）

图一五五　B 型瓦灶墩窑：1

图一五六　B 型瓦灶墩窑：7

罐　分为四型。

A 型　瓦灶墩窑：3，口、腹部残片，直口，小平沿，方唇，高领，深腹，颈下部与腹结合处置有手捏桥形系，灰胎，胎质粗糙，外壁施酱绿釉，内壁有少量和层，口径 33 厘米，残高 6 厘米。（图一五七）

B 型　瓦灶墩窑：8，口、腹部残，深腹，平底，足部微外撇，灰胎，胎质较粗，整体施酱绿釉，施釉不及底，内壁与足底无釉，罐内有明显的拉坯痕，残高 6.5 厘米，足径 7 厘米。（图一五八）

图一五七　A 型瓦灶墩窑：3

图一五八　B 型瓦灶墩窑：8

C 型　瓦灶墩窑：2，口、腹部残片，方唇，微侈口，口部残片，颈部与腹部有一圈旋削痕，灰胎，胎质粗糙，酱绿釉，壶内无釉，粘连一个斜着的系，长 6.1 厘米，宽 5.5 厘米。（图一五九）

D 型　瓦灶墩窑：5，口、腹部残片，口部微敛，大平沿，尖圆唇，深腹，表面基本无釉质，推测为生烧，白胎泛黄，口沿下置有手捏桥形系，口径 23 厘米，残高 14.5 厘米。（图一六〇）

图一五九　C 型瓦灶墩窑：2

图一六〇　D 型瓦灶墩窑：5

2. 特征

从釉色和胎质上来看，瓦灶墩窑的青釉碗与美杨窑、福安窑等窑址的差异不大，在时代上应是一致的，但两件酱绿釉碗的釉色、造型和纹饰等明显表现出早于青釉碗的特征，推测窑址的烧造可能具有延续性。

三、东方市

（一）窑上村窑址

窑上村窑址位于东方市三家镇窑上村东边的坡地上，北倚昌化江，距昌江黎族自治县旧县村窑址仅 3 千米，隔江相望。窑上村窑址有馒头形窑 2 座，相距约 150 米，其中 1 座保存完好。窑址附近散存大量陶瓷残片、匣钵残块等，堆积层厚约 3 米。硬陶釉色以酱绿釉最多，还发现少量青釉。带釉陶器纹饰多样，最具特色的是酱绿釉下黑褐彩蕉叶纹的装饰。采集标本主要有罐、碗、垫座、壶、急须等，其中瓷碗为黄白胎，原有调查中记录圈足上往往绘青花弦纹。另采集到非本地青瓷碗底 1 件，白胎发灰，施釉及底，圈足底部有釉，碗内壁有规则的圆形涩圈，从其胎质和釉色的特点和向复旦大学沈岳明教授请教的结果来看，可能为元代龙泉窑系产品。窑址原定年代为明至清。

1. 器物

（1）青釉

碗　仅见碗底，根据足深不同分为两型。

A 型　窑上村窑：7，底部残片，弧腹，圈足，圈足内壁上部斜切一周，足外壁明显高于内壁，施釉不及底，碗内心和足部无釉，白胎泛黄，胎质细腻，底径约 7 厘米。（图一六一）

图一六一 A型窑上村窑：7

B型 窑上村窑：20，口、腹部残，仅余足部，弧腹，圈足较高，足外壁与内壁基本持平，施釉不及底，碗内心和足部无釉，白胎泛黄，胎质细腻，碗底心从右到左墨书"定有"二字，底径约6.4厘米。（图一六二）

图一六二 B型窑上村窑：20

（2）酱绿釉

碗 窑上村窑：2，可复原，敞口，弧腹，饼足，内壁施酱绿釉，外壁仅有少量不规则的涂抹釉层，灰黑胎，胎质较粗，夹有细砂，碗内心有明显的叠烧痕迹，并留有防止碗与碗粘接的夹较多粗砂的红色块状物，口径约16厘米，底径5.2厘米。（图一六三）

图一六三 窑上村窑：2

罐 根据其形制、装饰等分为三型。

A型 带系高领罐，体型较大，可分为两个亚型。

Aa型 窑上村窑：12，口、腹部残片，直口，大圆唇，高领，颈部与二腹部结合处有手捏条形系，系上有三道凸弦纹，深腹，平底，灰胎，胎质较粗，夹有细砂，外壁施酱绿釉，内壁仅有少量釉滴，口径约22厘米。（图一六四）

Ab型　窑上村窑：11，口、腹部残片，仅余颈腹部，高领，颈部与上腹部结合处有手捏条形系，系上有三道凸弦纹，深腹，平底，系下部有刻划的弦纹和斜锯齿纹，灰胎，胎质较粗，夹有细砂，外壁施酱绿釉，内壁无釉。（图一六五）

图一六四　Aa型窑上村窑：12　　　　　图一六五　Ab型窑上村窑：11

B型　带系高领罐，体型较A型小，系与A型有明显不同，较小，无弦纹，可分为三个亚型。

Ba型　窑上村窑：13，口、腹部残片，直口，小平沿，方唇，高领，颈部与上腹部结合处有手捏条形系，深腹，平底，系下部有刮釉露胎形成的不规则弦纹，沿弦纹留有三处防止烧造过程中粘接的红色砂块，灰胎，胎质较粗，夹有细砂，外壁施酱绿釉，内壁仅口部有少量釉，口径约9.5厘米。（图一六六）

Bb型　窑上村窑：14，口、腹部残片，直口，小平沿，圆唇比Ba型略大，高领，颈部与上腹部结合处有手捏条形系，深腹，平底，灰胎，胎质较粗，夹有细砂，外壁釉层未烧熟，内壁仅口部有少量釉层，口径约9.5厘米。（图一六七）

Bc型　窑上村窑：15，口、腹部残片，直口，小平沿，尖圆唇，高领，颈部与上腹部结合处有两个对称的手捏条形系，深腹，平底，灰胎，胎质较粗，夹有细砂，外壁施酱绿釉，内壁仅口部有少量釉滴和手指痕，口部残留有防止烧造过程中粘接的红色砂块，口径约9.5厘米。（图一六八）

图一六六　Ba型窑上村窑：13　　　图一六七　Bb型窑上村窑：14　　　图一六八　Bc型窑上村窑：15

C型　口部较大，微敛，平沿，无高领，根据口沿差异分为三个亚型。

Ca 型　窑上村窑：16，口、腹部残片，敛口，平沿，尖圆唇，鼓腹，平底，灰黑胎，胎质较粗，夹有细砂，外壁酱绿釉大部分剥落，内壁亦施酱绿釉，口径约 22 厘米。（图一六九）

Cb 型　窑上村窑：17，口、腹部残片，敛口，大平沿，圆唇，鼓腹，平底，灰胎，胎质较粗，夹有细砂，内外壁釉层似未烧熟，接近无釉，口径约 32 厘米。（图一七〇）

Cc 型　窑上村窑：18，口、腹部残片，敛口，平沿，圆唇，鼓腹，唇下部约 0.5 厘米处，有手捏条形系，平底，灰胎，胎质较粗，夹有细砂，外壁釉层似未烧熟，接近无釉，内壁施酱绿釉，口径约 24 厘米。（图一七一）

图一六九　Ca 型窑上村窑：16　　　图一七〇　Cb 型窑上村窑：17　　　图一七一　Cc 型窑上村窑：18

碟　窑上村窑：19，敞口，浅弧腹，小平底，灰胎，胎质粗糙，内壁施酱绿釉，外壁仅口部有少许釉层，口径 8.1 厘米，底径 3 厘米。（图一七二）

图一七二　窑上村窑：19

急销　窑上村窑：4，口、腹部残片，圆罐形，方唇，侈口，微束颈，鼓腹，肩部一侧装圆形中空把柄，红黄胎，胎质粗糙，内壁无釉，外壁釉层未烧熟，施釉不及底，口径约 12 厘米，残高 8.9 厘米。（图一七三）

执壶　窑上村窑：2，口、腹部残片，侈口，小平沿，方唇，高领，深腹，平底，一侧置扁条形的柄，灰胎，胎质粗糙，外壁施酱绿釉，内壁无釉，口径保存较小，残高 9.5 厘米。（图一七四）

器盖　窑上村窑：1，可复原，圆锥形小纽，弧顶，顶下部平沿，子口，灰胎，胎质粗糙，外壁施酱绿釉，内壁仅上部有釉，纽高约 0.8 厘米，通高 2.4 厘米，盖径约 10 厘米。（图一七五）

图一七三　窑上村窑：4　　　　　图一七四　窑上村窑：2　　　　　图一七五　窑上村窑：1

（2）窑具

垫撑　窑上村窑：8，可复原，整体呈矮圆柱状，中空，直口，平沿，方唇，束腰，平底、素胎，胎质黄白粗糙，内壁可见明显拉坯痕迹，有口一侧平沿处放置需烧造的器物，上口径约25厘米，底径22厘米。（图一七六）

图一七六　窑上村窑：8

3. 特征

从采集到的标本来看，窑上村窑址应存在一定的延续性，如青釉圈足碗和酱绿釉饼足碗并存，两者从胎质、釉色和造型上完全不同，应存在早晚关系。不少器物都有独特的釉彩装饰或刻划纹，酱绿釉与黑褐彩蕉叶纹装饰（图一七七）的对比强烈，呈现出独特的美感；刻纹有水波纹、弦纹（图一七八）和太阳纹（图一七九）等，刻纹中还有填青料的现象，这在其他窑址中是看不见的。窑上村窑址的酱绿釉执壶、小碟等与澄迈地区部分窑址的釉色、器形相同，应属于同一时代的产品。窑上村窑址急须的造型则与澄迈地区差异较大，与万宁地区尤其是上灶窑址的大体相同。

图一七七　窑上村窑：3　　　　　图一七八　窑上村窑：5　　　　　图一七九　窑上村窑：6

（二）镇州窑址

镇州窑址位于东方市东河中方村，原有馒头形窑2座，直径约10米，残高约4米，主要烧造城砖，2019年6月调查时经东方市博物馆秦巍馆长确认，已灭失。

四、万宁市

（一）琉川窑址

琉川窑址位于和乐镇琉川村东南的琉川溪边，距离溪流约 10 米。根据《万宁县志》中琉川村李氏族谱的记载："村之东坑，出泥细润而蓝，旧有瓦灶，曾烧成琉璃，传闻昔人有浴近于灶潭中，辄拾得琉璃块者，村之名琉川，盖于此焉"。[①]20 世纪 90 年代还能在窑址 1 米左右深的地方见到陶片和瓷片，有淡黄、淡绿色，还有花、鱼的图案。2019 年 4 月 18 日的调查中发现，窑址已经被铲平、灭失，其上已种植经济作物，由于多年的动土，周边也未采集到陶瓷片标本。

（二）山根窑址

山根窑址位于万宁市山根镇东南方，即山根中学南侧围墙边，山根分洪溪岸旁。因修路已堆埋了部分窑址，靠近山根河边有较多的陶片堆积，现存窑址面积 800 平方米。此窑始建年代不详，根据《万宁县志》的记载，此窑建于宋元时期，前期产品为盏、碗类，后期制作坛、罐、缸、盆等[②]。但从附近的瓦灶村村民林兴义老人（88 岁）讲述其父亲林家秀及上代先人较早从事制陶业的时间推算，应当有近两百年的历史，暂定年代为清。从实际调查结果来看，山根窑址主要烧造瓷器和带釉陶器，器形与《万宁县志》的记载相符，瓷器主要有碗、杯器盖等；带釉陶器以缸、瓮、罐类居多，另有一圆弧形片，推测为碗。

1. 器物

（1）带釉陶器

缸〔瓮〕　山根窑：6，口、腹部残片，直口微敛，大平沿，方唇，深腹，口径多在 40 厘米以上。砖红胎，胎质粗糙，缸多施釉不均匀，除少量整体施釉外，大部分内壁刷釉，器外壁不施釉或施少量釉，基本都施酱釉，另有少量青黄釉。（图一八〇）

罐　根据造型不同分为三种，胎质有红黄胎、灰胎等，夹砂现象普遍。

图一八〇　山根窑：6

A 型　山根窑：9，侈口，方唇，矮领，深腹，上腹部附有手捏桥形系，黄白胎，胎质粗糙，器壁有少量酱釉滴，口径有约 17 厘米，另有 32 厘米的器形。（图一八一）

B 型　山根窑：10，口、腹部残片，敞口，方唇，黄白胎，胎质粗糙，墼体施较深的酱釉，口径 22 厘米。（图一八二）

C 型　山根窑：11，口、腹部残片，敛口，小平沿，方唇，深腹，灰胎，胎质粗糙，外壁施酱釉，部分已脱落，口径 14 厘米。（图一八三）

---

①万宁县地方志编纂委员会：《万宁县志》，南海出版公司，1994，第 582 页。
②同上。

图一八一　A型山根窑：9　　　图一八二　B型山根窑：10　　　图一八三　C型山根窑：11

急销　山根窑：8，可复原，侈口，方圆唇，矮领，圆鼓腹，平底，上腹一侧有柄，柄左侧约90°置一壶流，为质地较粗的夹砂红黄胎，器内外壁均施酱釉，口径约10厘米，底径约10厘米。（图一八四）

不明器　山根窑：13，可复原，似蒸馏器的口部残件，灰胎，施黑釉。（图一八五）

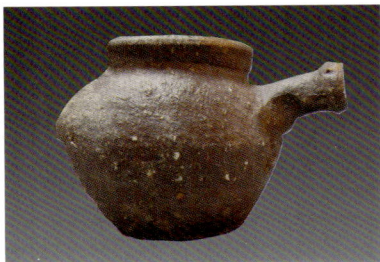

图一八四　山根窑：8　　　　　　　　　　　　　　　图一八五　山根窑：13

（2）瓷器

瓷器多为黄白胎和灰白胎，胎质细腻。

青釉器盖　山根窑：1，整体呈圆形，上部有一圆饼形捉手，捉手上部内凹，中心处还有一圆形露胎的凹坑，黄色胎体，胎质细腻，外壁施满釉，内壁不施釉。器盖直径10厘米，高2.4厘米；捉手直径4厘米，高1.4厘米。（图一八六）

图一八六　山根窑：1

碗　仅余底部，根据圈足的不同可分为两种。

A型　山根窑：4，足部残片，弧腹，圈足，修足规整高薄，黄白胎，胎质细腻，整体施青釉，施釉不及底，碗心处无釉，足径7.5厘米。（图一八七）

B型　山根窑：5，足部残片，弧腹，圈足，修足由下到上逐步加厚，黄白胎，胎质细腻，整体施青釉，施釉不及底，碗心不施釉且有明显叠烧痕迹，足径约10厘米。（图一八八）

图一八七　A 型山根窑：4

图一八八　B 型山根窑：5

杯　山根窑：3，足部残片，似碗略小，弧腹，饼足内凹，黄白胎，胎质细腻，施釉及底，足底无釉，足径 4 厘米。（图一八九）

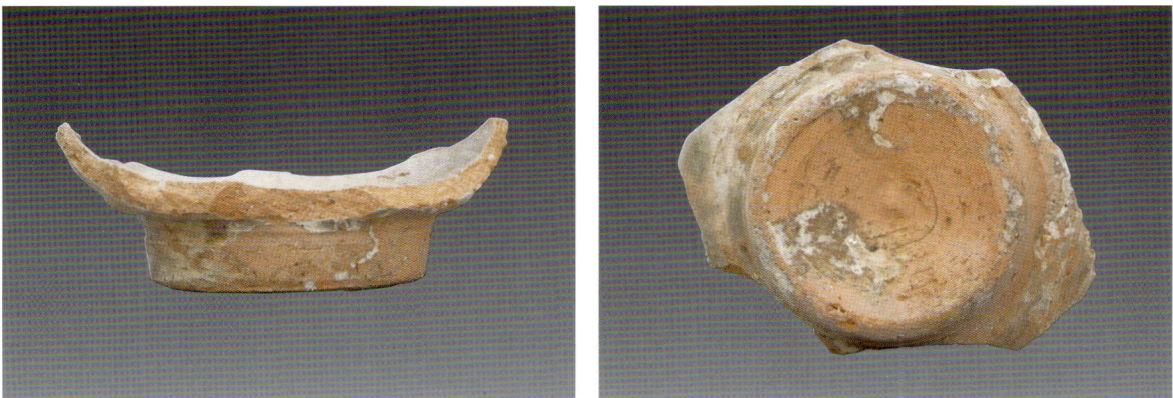

图一八九　山根窑：3

2. 窑具

垫环　山根窑：2，可复原，近圆形，垫环内壁内凹，外壁有手指压痕或抓洞，砖红素胎，胎质粗糙，直径约 24 厘米，高约 3 厘米。（图一九〇）

内凹垫环　山根窑：7，可复原，近圆形，一面中部内凹，外壁有手指压痕或抓洞，黄白胎，胎质粗糙，直径约 29 厘米，高约 2.6 厘米。（图一九一）

图一九〇 山根窑：2

图一九一 山根窑：7

　　垫撑 山根窑：12，残，上部有一平面，下部为喇叭形高圈足，砖红素胎，胎质粗糙，上部平面施酱釉，高圈足有少量釉滴，足径约 19 厘米，高约 9.3 厘米。（图一九二）

图一九二 山根窑：12

3. 特征

　　山根窑址以青釉和酱釉器物居多，青釉器物和澄迈地区窑址所出类似，其中一件青釉器盖（山根窑：1）与美杨窑址采集器盖的器形、釉色几近一致，应属于同时期的器物；急须造型则与澄迈地区窑址所出差异较大，与东方窑上村所出类似。

（三）上灶村窑址

　　上灶村窑址位于万宁万城镇上灶村北部，靠近溪流，据县志记载原有一片窑群，现仅余

1座。该窑随地势修建，呈北低南高，地表残存丰富，器形有缸、瓦、瓮等。据村民介绍，清乾隆年间，从琼山龙塘前来的吴姓、王姓工匠，对当地烧造工艺予以改进。该时期为生产鼎盛期，主要烧造带釉陶器，有些接近瓷胎。

1. 器物

缸（瓮）　根据唇部差异分为三型。

A 型　上灶村窑：6，口、腹部残片，直口微敛，平沿，方唇，深腹，灰胎，胎质粗糙，少量内壁施酱釉，器外壁除口沿外施较深的酱釉，口径多在40厘米以上。（图一九三）

B 型　上灶村窑：7，口、腹部残片，直口微敛，平沿，圆唇，深腹，砖红胎，胎质粗糙，施釉不均匀，少量内壁施酱釉，器外壁不施釉或施少量酱釉，口径多在40厘米以上。（图一九四）

C 型　上灶村窑：8，口、腹部残片，直口微敛，平沿，尖圆唇，深腹，砖红胎，胎质粗糙，施釉均匀，器外壁施酱釉，口径多在40厘米以上。（图一九五）

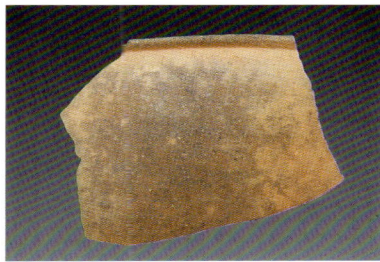

图一九三　A 型上灶村窑：6　　　图一九四　B 型上灶村窑：7　　　图一九五　C 型上灶村窑：8

罐　根据造型不同分为三种，胎质有红黄胎、灰黑胎等，夹砂现象普遍。

A 型　上灶村窑：5，口、腹部残片，侈口，方唇，矮领，深腹，上腹部附有手捏桥形系，平底，灰胎，胎质粗糙，外壁施酱釉，口径有约17厘米。（图一九六）

B 型　上灶村窑：3，口、腹部残片，直口，平沿，方唇，深腹，上腹部附有手捏桥形系，平底，黄白胎，胎质粗糙，器壁有较薄釉层，接近素胎，口径有约29厘米。（图一九七）

C 型　上灶村窑：4，仅余口部，直口，大宽唇，灰胎，胎质粗糙，器壁有较薄釉层，接近素胎，口径20厘米。（图一九八）

图一九六　A 型上灶村窑：5　　　图一九七　B 型上灶村窑：3　　　图一九八　C 型上灶村窑：4

碗上灶村窑：2，仅余底部，弧腹，饼足，有砖红胎，胎质粗糙，整体施满酱釉，足径约4.5厘米。（图一九九）另有一件黄白胎碗，仅见零星薄釉。

碟　上灶村窑：1，可复原，直口微敛，弧腹下收至底，平底，灰胎，胎质粗糙，内壁施酱釉，外壁仅口沿有少量釉层，口径12厘米，底径5.1厘米。（图二〇〇

图一九九　上灶村窑：2

图二〇〇　上灶村窑：1

急销　上灶村窑：9，可复原，直口，平沿，方唇，圆鼓腹，平底，上腹部一侧有中空的近圆柱形的柄，口部变形，砖红胎，胎质粗松，表面有零星薄釉，接近素胎，通高9.1厘米，底径8.5厘米。（图二〇一）

图二〇一　上灶村窑：9

2. 特征

上灶村窑主要烧造带釉陶器，烧造器物的胎质一般较粗，保存较为完好，其中酱釉碟的造型和美杨窑址所出的相似，急销则独具特点，口部与其他窑址的器物都不相同。

（四）下灶村窑址

下灶村窑址位于万宁万城镇下灶村，原有调查中未见收录，可能已灭失，2019年4月的调查中未找到遗迹。根据《万宁县志》的记载，下灶村窑址分南北两窑，全长28.5米，宽6米，作坊地24米，作业坑30多个，南北窑相距157米，南窑当时还残存各种陶片堆积物[①]。

---

① 万宁县地方志编纂委员会：《万宁县志》，南海出版公司，1994，第582页。

五、临高县

从实际探查和原有的考古资料来看，临高县已发现古窑址两处，其中昌南村窑址为2019年新发现的窑址遗存。

（一）五尧村窑址

五尧村窑址现存龙窑4座，原有记录中根据五尧村的村民口述，清代嘉庆年间，五尧叶氏先祖漂洋过海，从大陆迁徙至现址，从事制陶业，逐渐发展规模达到5个窑体之多，五窑村也因此得名，后又改名为五尧村。实际调查中发现，4座窑址分布在村子的周围，都有不同程度的损毁，1座在村内，已被完全推平成为生活用地。5座窑都为陶窑，主要烧造带釉陶器和素胎陶器，器物大体相同，以罐、缸等为主，年代暂定为清代。

1. 器物

筒瓦　五尧村窑：9，残，略呈拱形，砖红素胎，胎质略粗糙，残长3.6厘米。（图二〇二）

瓮　可分为两型。

A型　五尧村窑：1，口、腹部残片，敛口，平沿，方唇，深腹，平底，灰胎，胎质粗糙，表面有少量薄釉，接近素胎，口径约35厘米。（图二〇三）

B型　五尧村窑：12，口部残片，敛口，平沿，方唇，深腹，平底，砖红胎，素胎，口径约28厘米。（图二〇四）

图二〇二　五尧村窑：9　　　图二〇三　A型五尧村窑：1　　　图二〇四　B型五尧村窑：12

罐　可分为六型。

A型　五尧村窑：3，口部残片，侈口，卷沿，圆唇，短高领，颈下部有手捏横置桥形系，深腹，灰胎，胎质粗糙，表面有少量薄釉，接近素胎，口径约12厘米。（图二〇五）

B型　五尧村窑：4，口部残片，直唇口微侈，宽方唇，高领，颈下部有手捏竖置桥形系，深腹，砖红胎，胎质粗糙，器壁的白层推测为未烧熟的釉质，口径约10厘米。（图二〇六）

图二〇五　A型五尧村窑：3　　　图二〇六　B型五尧村窑：4　　　图二〇七　C型五尧村窑：5

C 型　五尧村窑：5，口部残片，侈口，卷沿，圆唇，长高领，深腹，灰胎，胎质粗糙，表面有少量薄釉，接近素胎，口径约 12 厘米。（图二〇七）

D 型　五尧村窑：6，口部残片，高领，口沿下部有手捏竖置桥形系，砖红胎，灰胎，胎质粗糙，表面有少量薄釉，接近素胎，整体已变形。（图二〇八）

E 型　五尧村窑：13，口部残片，敛口，小平沿，方唇，深腹，灰胎，胎质粗糙，器壁施少量薄釉，接近素胎，口部变形。（图二〇九）

F 型　五尧村窑：9，口部残片，仅余宽大的桥形系，系上还有三道弦纹，红黄胎，胎质粗糙，器壁施少量薄釉，接近素胎。（图二一〇）

图二〇八　D 型五尧村窑：6　　　图二〇九　E 型五尧村窑：13　　　图二一〇　F 型五尧村窑：9

碗　五尧村窑：10，口、腹部残，仅余底部，底部较平近于盘，饼足，灰黑胎，胎质粗糙，盘底有薄薄的酱釉层，足径约 6 厘米。（图二一一）

图二一一　五尧村窑：10

2. 窑具

垫座　五尧村窑：8，可复原，上部为一饼形平面，下部为喇叭形高圈足，上部平面直径约 24 厘米，砖红胎，胎质粗糙，外壁施酱釉，足径约 19 厘米，高约 9.3 厘米。（图二一二）

环形器　五尧村窑：7，可复原，束腰，砖红素胎，胎质略粗糙，两口径分别为 10 厘米和 9 厘米，推测为垫具。（图二一三）

图二一二 五尧村窑：8

图二一三 五尧村窑：7

3. 特征

从采集标本来看，五尧村五处窑址烧造的器物大体一致。从窑具和器物的形制来看，大型器物居多，尤其是一些大罐、瓮类器物，一般带系，部分陶器表面有一些白色条纹状装饰（图二一四）。窑撑与福建地区的类似，可能有技术上的传承关系。

（二）昌南村窑址

为 2019 年 1 月的调查中新发现的窑址，位于昌南村与五尧村交界地带，窑址部分区域因修路损毁，现存有一较大的斜坡窑包。据村民介绍，为民国时期窑址，主要烧造泥质陶器和带釉陶器，主要器形都以罐类为主，另有碗、缸、瓮等。

1. 器物

缸 昌南村窑：2，口、腹部残片，敛口，平沿，圆唇，深腹，砖红素胎，胎质粗糙，口径约 45 厘米。（图二一五）

图二一四 五尧村窑：11

图二一五 昌南村窑：2

碗 昌南村窑：1，口、腹部残，弧腹，饼足，饼足不甚规整且内凹，足径 5.9 厘米，砖红胎，釉色黄白应是未烧熟，胎质粗糙，内外壁施釉，外壁施釉不及底。（图二一六）另发现一碗的口沿残片（昌南村窑：14），砖红胎，施酱绿釉，口径约 15 厘米。（图二一七）

图二一六 昌南村窑：1

图二一七 昌南村窑：14

罐　分为四型。

A 型　分为两个亚型。

Aa 型　昌南村窑：3，颈部以下残，直口，平沿，方唇或圆唇，高领，颈部有弦纹装饰，颈下部有手捏桥形双系，深腹，灰胎，胎质粗糙，表面有薄薄的釉层，接近素胎，口径 8 厘米。（图二一八）

Ab 型　昌南村窑：4，口、腹部残片，直口，宽方唇，高领，颈下未发现有系，深腹，平底，灰胎，胎质粗糙，器壁有未烧熟的黄白色的釉层，内外壁施釉，口径约 10 厘米。（图二一九）

B 型　昌南村窑：5，口、腹部残片，唇口微侈，高领，颈下未发现有系，深腹，平底，灰胎，胎质粗糙，施酱绿釉，口径约 10 厘米。（图二二〇）

图二一八　Aa 型昌南村窑：3　　图二一九　Ab 型昌南村窑：4　　图二二〇　B 型昌南村窑：5

C 型　昌南村窑：6，口、腹部残片，敛口，斜平沿，方唇，短高领，颈下部有手捏桥形系，深腹，灰胎，胎质粗糙，施酱绿釉，口径约 14 厘米。（图二二一）

D 型　昌南村窑：7，口、腹部残片，似缸略小，口部微敛，卷沿，尖圆唇，颈下部有手捏桥形系，深腹，灰胎，胎质粗糙，表面施有薄薄的釉层，接近素胎，口径为 22 至 26 厘米。（图二二二）

2. 窑具

窑撑　昌南村窑：8，整体呈不规则性，平底，上部斜平，砖红素胎，夹砂，通长约 6 厘米，高约 4 厘米，应是陶器类的支烧工具。（图二二三）

图二二一　C 型昌南村窑：6　　图二二二　D 型昌南村窑：7　　图二二三　昌南村窑：8

3. 特征

昌南村窑所出器物多数施薄薄的一层青灰釉质或相对均匀的酱釉，不少带釉陶器内部满釉，外壁不施釉或施釉不及底。泥质陶器和带釉陶器上还有一些黄色和白色的装饰纹样，有些可能属于釉下彩的范畴，主要以几何纹为主，有弦纹、三角纹等。（图二二四、二二五、二二六）

图二二四 昌南村窑：9　　　　　图二二五 昌南村窑：10　　　　　图二二六 昌南村窑：11

六、昌江黎族自治县

旧县村窑址位于昌江黎族自治县昌化镇旧县村西部，现窑址被平整，其上已修建房屋，在房屋周围地表可见一些陶瓷片。根据窑址地表采集的标本特征分析，该窑至少在宋元时期就已烧造瓷器。从采集的瓷片标本来看，陶瓷器品种有素胎陶器、带釉陶器和瓷器。

（一）器物

1. 陶器

陶器有红陶和灰陶两种。

红陶仅采集到一块砖瓦器，旧县村窑：1，残，一面平整，素胎，胎质粗糙，厚约1厘米。（图二二七）

图二二七 旧县村窑：1

灰陶根据采集到的底部残片等推测，主要是瓦器。

2. 带釉陶器

带釉陶器有酱釉（有些偏黑）和青黄釉（有些偏绿和偏黄）两种。

罐　根据口部差异分为两型。

A 型　旧县村窑：3，口部残片，直口微敛，斜平沿，圆唇略方，深腹，口沿下有手捏桥形系，灰胎，胎质粗糙，内外壁均见酱釉，口径约25厘米。（图二二八）

B 型　旧县村窑：6，口部残片，直口，平沿，方唇，深腹，砖红胎，胎质粗糙，口沿上部施酱釉，口径约30厘米。（图二二九）

图二二八　A型旧县村窑：3

图二二九　B型旧县村窑：6

器足　旧县村窑：4，残，长条形，器身横截面为长方形，可能为香炉器足，灰白胎，胎质较为细腻，整体施酱釉，残长约3.6厘米。（图二三〇）

图二三〇　旧县村窑：4

器座　旧县村窑：5，残，座面为长方形，左右两面中空，釉色偏绿，上面有细线刻划纹饰，正面施酱釉，砖红胎，胎质粗糙，推测为瓷枕或花盆等物的底座，残存最长处约6厘米。（图二三一）

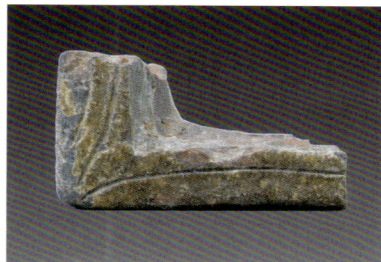

图二三一　旧县村窑：5

臼器　旧县村窑：2，残，内部有较深的刻划数条细线的痕迹，似有一定的几何纹布局，胎体未烧熟，有砖红胎和灰胎共存，胎质粗糙，从较深的刻划痕迹来看，可能为捣制物品的臼器，底径约10厘米。（图二三二）

图二三二　旧县村窑：2

3. 瓷器

瓷器主要有青釉和青黄釉两种。

（1）青釉

青釉主要以淡青釉为主，有些近青白。胎体灰白居多，还有少量黄胎，胎体细腻，施釉不及底。器形主要有碗、碟和罐等。

碗　有圈足、饼足和平底三种，圈足又可分为两种。

A 型　旧县村窑：8，底部残片，弧腹，高薄圈足，内外壁施青釉，灰白胎，胎体细腻，外壁施釉不及底，胎釉结合处有一圈明显的火石红痕迹，底径约 4 厘米。（图二三三）

图二三三　A 型旧县村窑：8

B 型　旧县村窑：9，底部残片，弧腹，低矮近卧足，白胎泛黄，胎体细腻，受胎色影响，青釉泛黄，施釉不及底，碗内心有较大涩圈，碗心施釉呈圆形，底径约 8 厘米。（图二三四）

图二三四　B 型旧县村窑：9

C型 旧县村窑：10，底部残片，弧腹，宽壁圈足，灰白胎，胎体细腻，内外壁施釉，外壁施釉不及底，胎釉结合处有火石红现象，底径约6厘米。（图二三五）

图二三五 C型旧县村窑：10

碟 此处仅介绍D型旧县村窑：7，底部残片，盆形碗，敛口、平沿、圆唇，弧腹，平底，灰白胎，胎体细腻，内外壁施青釉，外壁施釉不及底，碗心残留两处防止叠烧时粘接的垫砂块痕迹，底径约7厘米。（图二三六）D型另有底径约5厘米的器物。

图二三六 D型旧县村窑：7

罐 根据颈部不同分为两种。

A型 旧县村窑：14，口部残片，敞口、卷沿、圆唇，长颈，灰白胎，胎质细腻，施釉不均匀，口、颈部施釉较少，口径约8厘米。（图二三七）

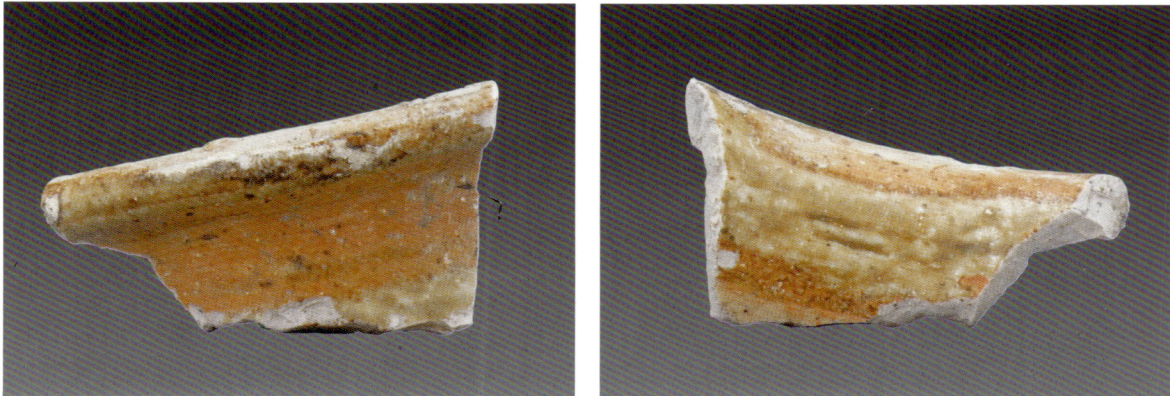

图二三七 A型旧县村窑：14

B型 旧县村窑：15，口部残片，口部残留较小，直口，圆唇，深腹，灰白胎，胎质细腻，内外壁施青釉。（图二三八）

图二三八 B型旧县村窑：15

（2）青黄釉

青黄釉有灰白胎、黄胎和砖红胎三种，器形有碗、罐、盆等。

碗 都为弧腹，有大圈足、漏斗形圈足、饼足和平底四种。

A型 旧县村窑：11，底部残片，弧腹，圈足，足部旋挖成漏斗形，内部有明显叠烧的环形涩圈，灰白胎，胎质细腻，足径约6厘米。（图二三九）

图二三九 A型旧县村窑：11

B型 旧县村窑：12，底部残片，弧腹，饼足，灰白胎，胎质细腻，碗内心施釉，外壁和底部仅见少量釉滴，足径为4.6厘米至6厘米。（图二四○）B型碗的饼足分有下部平整和内凹两种。

图二四○ B型旧县村窑：12

C型 旧县村窑：13，底部残片，仅见大圈足，灰白胎，胎质细腻，足径约5.5厘米。（图二四一）

图二四一　C型旧县村窑：13

罐（缸）旧县村窑：16，口部残片，直口，圆唇，深腹，平底。（图二四二）

图二四二　旧县村窑：16

另有一些很小的口沿和胎体厚重的较大瓷片，推测可能为罐、瓮等的残片。考古队在窑址还捡拾到几片外来瓷片，都为青釉，其中从胎体、釉色、纹饰和圈足特征等综合分析，有两件为元代龙泉窑青釉瓷器；另有几片青釉发灰，胎体偏白，可能为福建窑口烧造。

（二）特征

旧县村窑址位于昌江沿岸，存留较多的器物残片。从旧县村采集标本的种类看，青黄釉和青釉应存在一定的早晚关系，青黄釉碗以饼足或圈足宽厚为主，青釉碗则与之差异较大。该窑青釉饼足碗的胎质一般较为细腻坚致，与其他窑址的带釉陶器的饼足碗或类瓷类陶的饼足碗都不相同。该窑青釉瓷器尤其是高薄圈足的青釉碗，制作工艺上比其他窑址也更为高超。从器形上来看，瓷胎盘与盆的底部都较厚，碗体相对轻薄。

如果仅从采集的瓷器标本来看，旧县村窑址的器物烧造水平是明显高于原本认为是海南岛瓷器烧造中心的南渡江流域的窑址的。旧县村窑址发现有可以确认的两件元代的龙泉瓷片，即旧县村窑：17（图二四三）和旧县村窑：18（图二四四），结合采集标本自身的特征，旧县村窑址应在元代甚至更早的时期就已经烧造瓷器。

图二四三　旧县村窑：17

图二四四　旧县村窑：18

　　由于旧县村采集青瓷标本的胎质的细腻度和瓷化程度、釉色的润度以及造型，都与大陆福建、浙江地区的器物比较接近，同时考虑到发现的两件龙泉瓷片，笔者曾思考是否采集到的青釉瓷片都为外来品，但结合青黄釉瓷器的瓷化程度、制作工艺的高超，推测在古窑址同时采集到差异较大、数量较多的外来品基本上是不可能的。尤其是碗和盆的内壁一般有几处垫烧的砂块痕迹，应是叠烧工艺烧造，这与海南岛部分窑址的烧造工艺相同。同种胎质、釉色的青釉瓷器在其他省份极少使用这种间隔较大垫砂块的做法，这也表明旧县村窑保留了一些相对原始的烧造方式。

七、乐东黎族自治县

（一）三曲沟窑址

　　三曲沟窑址位于乐东黄流镇新民村西部。从地域上来看，定为"三曲沟窑址"似有不妥，现三曲沟有中华人民共和国成立后新建砖窑数座，但距离古窑址甚远。新民村前身为窑灶沟（窑灶村）窑址，古窑址定为新民村窑址或窑灶沟窑址似更符合实际。原有记录是明末时期，由于南迁人口渐增，对陶器的需求量剧增，陶窑分布遍及沿海各地，三曲沟陶窑是群窑之一。但从实际的考察来看，该窑址可能在明代以前就有烧造陶器。据村民介绍，窑址原有龙窑8座，后陆续铲平，现仅存3座龙窑窑基，其余改造成农田。被铲平窑址处的农田土色灰白，与别处有明显差异，尚未进行土质分析，推测是质地优良的陶土。3座窑炉都为龙窑，沿山坡从低至高而建，由几个窑室串联而成，每一窑室都设有通火孔，最顶端的窑室设有高大烟囱。由采集标本来看，窑址主要以烧造带釉陶器和泥质陶器为主。另采集到釉下绿彩的瓷碗底和青花瓷片，应都不是本窑址烧造。从造型、胎釉和纹饰等来看，釉下绿彩的瓷碗底可能为澄迈福安窑或儋州的碗窑村窑等窑址烧造，青花瓷片为景德镇窑明代青花碗残片。

1. 器物

（1）带釉和素胎陶器

器形以高领大罐（坛）最为常见，另有大碗、缸等。

罐（坛） 根据口部差异可以分为两种形制。

A 型 分为三个亚型。

Aa 型 三曲沟窑：1，口、腹部残片，直口，平沿，圆唇或方唇，高领，颈下部有手捏桥形系，深腹。白胎，胎质粗糙，器物外壁施釉不及底，内壁不施釉或有简单的酱色涂抹痕迹，口径约 8 厘米。（图二四五）

Ab 型 三曲沟窑：2，口、腹部残片，直口，大圆唇，高领，深腹，黄灰胎，胎质粗糙，口部施酱釉，器壁施黄白色未烧熟釉层，内壁有简单的酱色涂抹痕迹，口径 18 厘米。（图二四六）

Ac 型 三曲沟窑：3，口、腹部残片，直口，卷沿，高领，颈下部有手捏桥形系，深腹，灰白胎，胎质粗糙，领部釉层是未烧熟的白色，腹部施酱绿釉，外壁施釉不及底，内壁有简单的酱色涂抹痕迹，口径 16 厘米。（图二四七）

图二四五 Aa 型三曲沟窑：1　　　图二四六 Ab 型三曲沟窑：2　　　图二四七 Ac 型三曲沟窑：3

B 型 三曲沟窑：4，口部残片，直口，斜平沿，方唇，短高领，深腹，灰白胎，胎质粗糙，外壁施酱绿釉，口径约 27 厘米。（图二四八）

C 型 三曲沟窑：6，口部残片，敛口，平沿，方唇，深腹，灰胎，口沿有较薄的酱釉层，接近素胎，口径 30 厘米。（图二四九）

图二四八 B 型 三曲沟窑：4　　　　　　　图二四九 C 型 三曲沟窑：6

碗　三曲沟窑：5，底部残片，弧腹，大圈足，施釉近底部，圈足内壁无釉，有一圈凹槽，夹砂灰白胎，胎体较粗，内外壁施黑釉，圈足底部无釉，底径 7.4 厘米。（图二五〇）

图二五〇　三曲沟窑：5

缸　分为三型。

A 型　三曲沟窑：7，口部残片，敛口，平沿，圆唇，深腹，砖红素胎，口径 41 厘米。（图二五一）

B 型　三曲沟窑：8，口部残片，敛口，平沿，方唇，深腹，上腹部有手捏桥形系，砖红胎，表面有一层薄酱釉，接近素胎，口径 37 厘米。（图二五二）

C 型　三曲沟窑：13，口部残片，直口微敛，小平沿，尖圆唇，深腹，素胎，口径约 36 厘米。（图二五三）

图二五一　A 型三曲沟窑：7　　　图二五二　B 型三曲沟窑：8　　　图二五三　C 型三曲沟窑：13

（2）窑具

窑具有泥质红陶、泥质灰白陶。

垫环　三曲沟窑：10，可复原，近圆形，上小下大，中空，束腰，中部有数个手指压痕，白色素胎，上部直径 24 厘米，下部直径 26 厘米，高约 4.5 厘米。（图二五四）

图二五四　三曲沟窑：10

（3）外来器物

釉下蓝彩瓷片，三曲沟窑：12，弧腹，圈足，白胎，胎质细腻，整体施青白釉，釉下有蓝彩装饰，碗心有一蓝彩团花纹，内外壁施釉，圈足底部施釉，碗心有圆形涩圈，为垫烧痕迹。（图二五五）这种造型和纹饰的釉下彩瓷器在福安窑中也有发现，儋州博物馆有馆藏完整器。

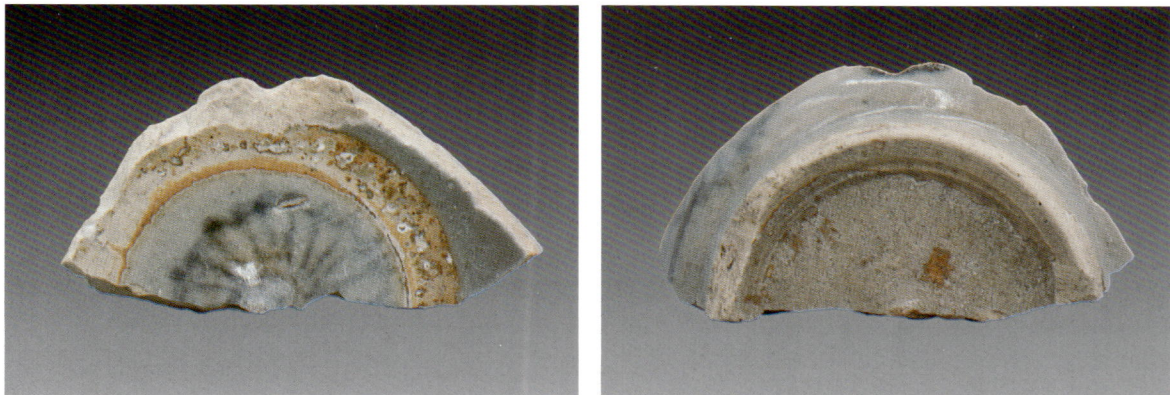

图二五五　三曲沟窑：12

2. 特征

据新民村的老人介绍，三曲沟古窑址原有龙窑 8 座，中华人民共和国成立后为扩大耕地面积，被陆续铲平，拉走的古窑址上的土就有上百辆卡车之多，土中自然包含有大量的窑址遗物。当时的村民中不乏有识之士，知道古窑址是先人留下的文化遗产，还特意将部分窑址遗物留存起来，"福"字款残片（图二五六）就是其中之一。现在田地上仅存的 3 座龙窑窑基，已被文物单位有意识地保护起来。窑基上虽荒草丛生，仍可看出龙窑的具体形貌，应是沿坡地由低至高而建，分为多个窑室，相互串联，每一个窑室设有通火孔，最顶端还有排烟孔。

图二五六　三曲沟窑青釉釉下彩"福"字残片

值得注意的是窑址所处的农田土色灰白，与别处有明显差异，虽尚未进行过土质分析，但推测是质地优良的陶土，村民容先生也说只有这里的土才能烧制带釉陶器，故而先祖迁徙至此。由古窑址散落的陶片看，主要以烧造带釉陶器和泥质陶器为主，带釉陶器有青黄釉、酱釉和黑釉之别，有些还装饰有刻划的旋转纹；泥质陶器有泥质红陶和泥质黄白陶等，黄白胎陶器表面还有红黄色涂抹的几何纹装饰。对比来看，装饰颜料和泥质红陶胎质用料一致，只是淘洗更加匀净。另有胎体未烧熟的类似夹心饼干的陶器。

三曲沟窑烧造的器物以大型器居多，带系大罐是三曲沟窑代表性的器物，有些大罐高近 1 米，还有些陶缸、大

图二五七　三曲沟窑刻字壶形器

碗，多是老百姓生活中的常用器，是名副其实的民窑。其中一件陶质的秤砣，与福安窑等窑口的罐型瓷权完全不同，而是呈馒头形，上面有一小孔，与常见的铁质秤砣别无二致，相比而言当然更为廉价。还有一件带有纪年款的壶形器（图二五七），上面刻有"众人所用，丁丑年四月十八，不得灭"的繁体字，算是三曲沟窑址中比较特别的器物，具体的用途还不得考。

（二）抱由窑址

抱由窑址位于乐东昌化江抱由水轮泵坝段南岸，抱由镇抱由村西北约 50 米，东距乐东中学 1 千米，西距乐东城永明桥 800 米，南距县粮食加工厂 200 米，北临昌化江，对岸原永明村台地。该窑建于明朝万历四十四年（1616 年），为明万历修建乐安城堡提供建筑材料，是我省目前现规模最大的古窑群，现存面约 5000 平方米。原查有 7 座漫头窑，其中 2 座保护完好，窑内尚有长方形熟砖未取出，其余 4 座有不同程度的破坏，1 座已面目全非。现因乐东县城建设临江路和征用建设土地，此遗址已被抱由镇抱北村鱼塘淹没，在 2019 年 6 月的调查中未发现窑址痕迹。

（三）田头村窑址

田头村窑址位于乐东佛头镇田头村南面 1 千米处，东距青路村约 1 千米，西距昌厚村约 2 千米，南距老孔村约 3 千米，北距田头村约 1 千米，现存面积约 3000 平方米，建于明朝，泥砖建筑。馒头窑深 5 米，宽 3 米，高 3 米，底平面近似半椭圆形，窑底为弧形；分窑门、火房、窑室和烟道等部分，自窑门进入为火房，接着是窑室；后壁垂直，两侧边壁为拱形，左、右窑壁上各有一个长方形烟门，整个窑室呈半圆形。窑址存有大量残砖，土地所有权属田头村委会。原调查记录存有 3 座窑址，其中一为灶公，已废弃，其他窑址均已平整为农田。暂定年代为明。面积（单个窑）350 平方米，东西长 300 米，南北宽 200 米。在 2019 年 6 月的调查中未发现窑址痕迹。

（四）丹村窑址

丹村窑址位于丹村村东 500 米的稻田内，始建于明朝末年，沿用至清代，专门烧制砖瓦，馒头形砖瓦窑，直径 30 米，高约 6 米，四周为农田。原记录中窑址堆积层厚约 1 米，分布面积约 300 平方米，四周 100 平方米内遍布陶砖残片，采集有带釉陶器罐、碗、壶等的残片，到处可见碎瓦片及碎砖块。窑现已被毁，开垦为园地，种植农作物。在 2019 年 6 月的调查中未发现窑址痕迹

（五）羊上村窑址

羊上村窑址位于羊上村南边的田地里，建于明代，沿用至清代，年久停用（停用年代不详）。该陶窑为馒头窑，深 5 米、宽 3 米，占地面积 100 平方米。现在陶窑址已被毁坏，尚存一些破碎的陶片，暂定年代为明。在 2019 年 6 月的调查中未发现窑址痕迹。

八、陵水黎族自治县

古楼窑址位于海南省陵水黎族自治县英州镇古楼村北。原有记录中窑址坐西向东，为弧

顶斜坡龙窑，长 24 米，宽 8 米，高 1.8 米，在地表下 0.8 米处发现黑釉泥质龙陶缸、盆、罐、瓮残片，堆积层厚约 0.3 米，陶片刻划水波纹、弦纹，原定年代为唐。2019 年 6 月调查时窑址已开辟为芒果园，并养殖家禽，破坏较为严重，仅采集到少量陶片。

（一）器物

罐　根据性质不同，可分为三型。

A 型　古楼窑：4，口、颈部残片，直口，平沿，方唇，高领，深腹，平底，径下部与腹结合处有手捏桥形系，系上有较深的两道凹弦纹，腹部有刻划的水波纹，灰胎，胎质坚硬细密，整体施较薄的酱绿釉，接近素胎，口径约 15 厘米。（图二五八）

B 型　古楼窑：3，口、颈部残片，直口，平沿，方唇较 A 型小，高领，深腹，平底，径下部与腹结合处有手捏桥形系，灰胎，胎质坚硬细密，胎质表面施未烧熟的白色釉层，接近素胎，另见黄白瓷胎，胎质坚硬细密，口径约 10 厘米。（图二五九）

C 型　古楼窑：5，口部残片，敛口，平沿，圆唇，矮领，深腹，平底，矮领处有手捏桥形系，灰胎，胎质坚硬细密，表面有薄釉，接近素胎，口径约 24 厘米。（图二六〇）

图二五八　A 型古楼窑：4　　　　　图二五九　B 型古楼窑：3　　　　　图二六〇　C 型古楼窑：5

垫钵　古楼窑：1，口部残片，留存较小，敞口，平沿，弧腹，灰胎，砖红色陶衣，胎质较粗，从口部辨认为钵形，与福安窑发现的垫钵相似。（图二六一）

图二六一　古楼窑址：1

垫环　古楼窑址：6，残，近圆形，上小下大，中空，束腰，中部有手指压痕，灰白胎，胎质细腻，接近瓷胎，高约 4.2 厘米。（图二六二）

图二六二 古楼窑址：6

（二）特征

古楼窑址以烧造带釉陶器为主，胎质以灰胎为主，器物一般带系。值得一提的是该窑烧造的垫环比一般器物的胎质更为细腻，接近瓷胎。

九、三亚市

（一）儒学塘窑址

儒学塘窑址有明初为砌筑崖州城墙用砖而建和为修建崖州学宫用砖而建两种说法，位于今崖城镇崖州城西村南约 20 米儒学塘北侧。原记录窑址共 3 座窑炉，呈圆形，马蹄形窑，清末废弃，后被水淹没，逢旱季水位退落，窑口及形制可见全貌。1986 年第二次文物普查，文物工作者曾在窑址附近采集到"吉"字款长方形城砖等，今收藏在三亚市博物馆。2018 年调查时，儒学塘窑址与周边水塘已被回填，成为一块平地，地表已无窑址痕迹，原定年代为明至清。在涂高潮先生的《海南古陶瓷》一书中记录有三亚的官沟窑址，其位于三亚崖城城东村，存馒头窑 3 座，堆积面积约 400 平方米，暂定为宋代，并指出窑址烧造建造吉州城用"吉"字砖。2019 年 6 月的调查中，考古队在官沟和广济桥遗址附近确实发现较多的古城砖遗物，但并未发现官沟窑址。经向三亚市博物馆孙建平馆长确认，官沟附近的城砖可能为儒学塘窑址烧制，官沟并未发现过窑址，"吉"字款长方形砖也是在儒学堂窑址采集到。

1. 器物

由采集的城砖标本来看，形制都为长方形，根据大小可分为两型。

A 型 儒学塘窑：1，长方形，灰胎，胎质坚致，长 25 厘米，宽 9.5 厘米，高 4 厘米。（图二六三）

图二六三 A 型儒学塘窑：1

B 型　儒学塘窑：2，长方形，灰胎，表面有酱绿色的釉层，砖一侧面戳印有楷书"吉"字，通长 43 厘米，通宽 10.5 厘米，现藏于三亚市博物馆。（图二六四）

图二六四　B 型儒学塘窑：2

2. 特征

儒学塘窑烧造的陶砖大小有一定的差异，部分带有釉质，部分素胎。从采集的标本和实际的调查发现，带"吉"字款的陶砖一般"吉"字所在的砖面，才施有釉层。

（二）高山窑址

高山窑址位于三亚市崖城镇水南村东北，所在区域为平坦坡地，地势较高，与东北及西面形成一个较大的落差。从一侧的坡地剖面来看，可分辨其文化层堆积中含有各式各样的器物，文化层内涵十分丰富。采集标本主要为器物口沿和底部，有带釉陶器、泥质陶器和瓷器三种，器形以罐、瓮、盆、碗等为主。

1. 器形

（1）素胎和带釉陶器

缸　可分四型。

A 型　分为三个亚型。

Aa 型　高山窑：2，口、腹部残片，敛口，平沿，圆唇，深腹，平底，腹上部带手制的桥型系，灰胎，胎质粗糙，口沿有较薄的酱绿釉，接近素胎，口径约 44 厘米。（图二六五）

Ab 型　高山窑：3，口部残片，敛口，平沿内微凹，方唇，深腹，平底，灰胎，胎质粗糙，施酱釉，口径约 45 厘米。（图二六六）

Ac 型　高山窑：4，口部残片，敛口，尖圆唇，深腹，腹上部带手制的桥形系，砖红胎，胎质粗糙，外壁施较薄的酱釉层，接近素胎，口径约 40 厘米。（图二六七）

图二六五　Aa 型高山窑：2　　　　图二六六　Ab 型高山窑：3　　　　图二六七　Ac 型高山窑：4

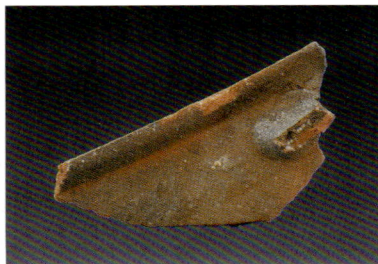

B 型　高山窑：5，口部残片，敛口，内高外低斜平沿，圆唇，深腹，灰胎，胎质粗糙，口沿无釉，器壁施有较薄的酱绿釉，口径约 40 厘米。（图二六八）

C 型　高山窑：16，口部残片，敛口，平沿，尖圆唇，深腹，上腹部有手制桥形系，砖红胎，胎质粗糙，器壁有黄色的涂抹痕迹，推测为未烧熟的釉层，口径约 40 厘米。（图二六九）

D 型　高山窑：17，口部残片，敛口，平沿，方唇，深腹，砖红胎，胎质粗糙，口径约 44 厘米。（图二七○）

图二六八　B 型高山窑：5　　　图二六九　C 型高山窑：16　　　图二七○　D 型高山窑：17

罐　可分为六型。

A 型　高山窑：6，口、颈部残片，直口，圆唇，高领，深腹，灰胎，胎质粗糙，施酱釉，口沿以下有黑色三角等几何纹装饰，口径约 16 厘米。（图二七一）

B 型　高山窑：7，口部残片，敛口，口沿有槽，应为盖罐，丰肩，深腹，砖红胎，胎质粗糙，施较薄的酱釉层，接近素胎，口径约 28 厘米。（图二七二）

C 型　高山窑：8，口部残片，仅余口沿，子母口，灰胎，胎质粗糙，施酱绿釉，口径约 18 厘米。（图二七三）

图二七一　A 型高山窑：6　　　图二七二　B 型高山窑：7　　　图二七三　C 型高山窑：8

D 型　分为三个亚型。

Da 型　高山窑：9，口部残片，敛口，平沿，圆唇或尖圆唇，深腹，灰白胎，胎质粗糙，施有酱釉，上腹部有小圆饼状的装饰，口径 22 厘米至 30 厘米。（图二七四）

Db 型　高山窑：10，口部残片，敛口，平沿，方唇，唇下微高领，灰胎，胎质粗糙，施有较薄的酱釉，口径约 18 厘米。（图二七五）

Dc 型　高山窑：11，口部残片，敛口，内低外高斜平沿，方唇，深腹，胎质粗糙，腹上部带手制的桥形系，灰胎，施较薄的酱釉，口部变形，口径较前两亚型略小。（图二七六）

图二七四 Da 型高山窑：9　　　图二七五 Db 型高山窑：10　　　图二七六 Dc 型高山窑：11

E 型　高山窑：14，口部残片，敛口，平沿，尖圆唇，深腹，上腹部有手制桥形系，灰胎，胎质粗糙，口径约 34 厘米。（图二七七）

F 型　高山窑：15，口部残片，敛口，平沿，方唇，深腹，灰胎，胎质粗糙，口径约 27 厘米。（图二七八）

图二七七　E 型高山窑：14　　　　　　　图二七八　F 型高山窑：15

盆　根据胎体厚度分为两型。

A 型　高山窑：12，底部残片，胎体厚重，下腹内收，平底，带手制的桥形系，灰胎，胎质粗糙，内外施釉，外壁酱釉，内壁黑釉并带有黄白色条纹装饰，底径约 16 厘米。（图二七九）根据器物内底部有明显的垫烧砂土块，推测应为盆的造型。

B 型　高山窑：13，口部残片，胎体轻薄，直口，平沿，弧腹，灰胎，胎质粗糙，表面有黄色的涂抹层，推测为未烧熟的釉层，口径约 32 厘米。（图二八○）

（2）瓷器

碗　高山窑：1，仅余足部，胎体泛黄，圈足，圈足的旋削痕迹明显，口径约 6 厘米。（图二八一）

图二七九　A 型高山窑：12　　　　　　　图二八○　B 型高山窑：13

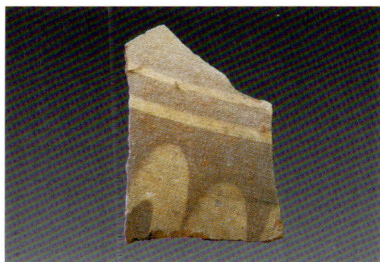

图二八一 高山窑：1　　　　　　　　　　图二八二 高山窑：12

2. 特征

带釉陶器主要有青灰釉和酱釉两种，以灰或灰黑胎多见，少量红褐胎，施釉多不及底。带釉陶器上多饰有几何纹的釉下彩装饰，如弦纹、三角纹、网格纹等（图二八二），有红褐色、黑褐色、黄白色、青灰色等。泥质红陶中夹杂少量砂质颗粒，部分因为烧造气氛的原因呈现灰红相间的胎质。

十、琼海市

（一）中墩村窑址

中墩村窑址位于琼海市石壁镇南星村委会中墩村东南，5 个窑炉连成一排，都分布在万泉河支流白腊沟西侧，其中最南部的窑址覆土较少，可明显看到为馒头窑，窑顶和排烟口暴露在外，窑顶中心有近圆形坍塌；其他窑址遍植槟榔和椰树，灌木丛生，但尚可辨认，周边散落有较多的青瓦片和砖，应以烧造砖瓦为主。该窑址现存面积 1000 余平方米，原定年代为元至清。

方砖　中墩村窑：1，长方形，砖红胎，胎质坚致，长 25.4 厘米，宽 11.5 厘米，高 4 厘米。（图二八三）

图二八三　中墩村窑：1

（二）红花村窑址

红花村窑址位于琼海市塔洋镇红花村委会的上山村，原记录建造于 1940 年。据村民介绍，该窑产品质量高，供不应求，中华人民共和国成立后生产队又在该窑旁边新建 2 个砖窑，使 3 个窑连成一起，直到二十世纪七八十年代才废弃，现窑址已推平建房，从周边散落的砖瓦痕迹来看，主要烧造砖瓦，并采集到几小片清代青花瓷片。

（三）黄竹坡窑址

黄竹坡窑址位于琼海市潭门镇墨香村委会的黄竹坡以西，现存有一个小土堆。原记录该窑建造于 1929 年，为供应当地居民建造房屋而建造。窑址处灌木丛生，窑形尚可辨认，在窑址四周可见散落的砖瓦痕迹，应是以烧造砖瓦为主。

（四）礼都窑址

原有记录中，礼都窑址始建于明代，呈梯队分布，自下而上有 3 个大小相同的窑炉。该窑址原属社队企业管理经营，后随农村体制改革，由农民承包经营。在 2019 年 6 月的调查中发现三座窑炉，应是在原有窑址基础上重建，至今仍在烧造陶器，周边多是现代陶罐和陶盆残片，仅在附近采集到 4 片饼足碗标本和 1 件带孔器物。

1. 器物

碗 礼都窑：2，口、腹部残，敞口，弧腹，饼足，灰黑胎，胎质较粗，夹杂有较多细砂粒，整体施较薄的酱釉，底径多在 4 厘米左右。（图二八四）另有底径约 4.5 厘米的器物。

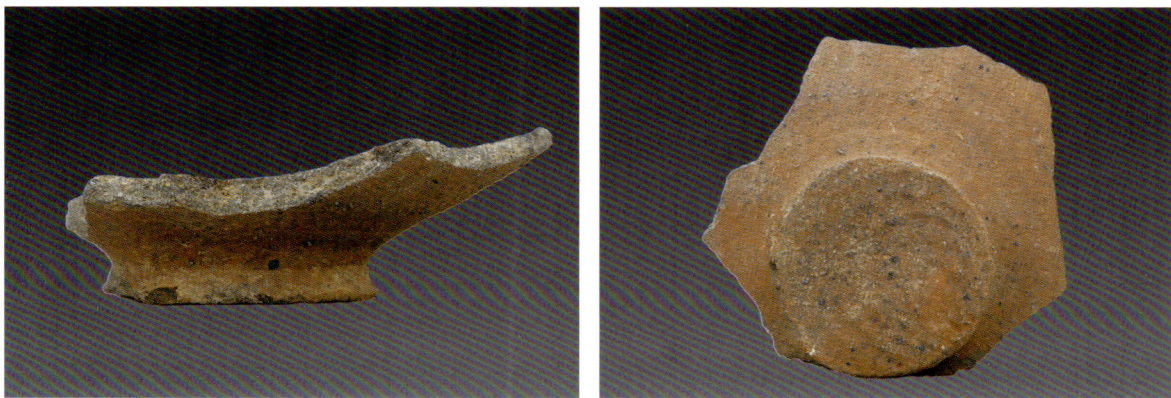

图二八四 礼都窑：2

带孔器物 礼都窑：5，残，整体呈柱形，上部为圆形，下部周边残缺，底部中心有空，砖红素胎，胎质细腻，上部直径为 4.2 厘米，下部残径 6 厘米，孔径 2.9 厘米，高 4 厘米，孔深 3.2 厘米。（图二八五）

图二八五 礼都窑：5

2. 特征

礼都窑址主要烧造带釉陶器和素胎器，器物主要以灰胎和红胎为主，饼足碗比较常见，带孔器物推测为较大型器物的捏手。

（五）瓮灶朗窑址

瓮灶朗窑址位于琼海市石壁镇南星村委会的联村以南，在万泉河支流白腊沟的北岸，整体呈馒头形土堆，保存较好，应是馒头形窑址，周边已种植槟榔树。原记录该窑址建造于唐至宋，周边散落较多的釉陶片痕迹，从器形看，以罐类居多，另发现有饼足碗。

1. 器物

瓦器　瓮灶朗窑：8，残，略呈拱形，灰胎，胎质略粗糙，残长7厘米。（图二八六）

饼足碗　瓮灶朗窑：1，口、腹部残，敞口，弧腹，饼足，砖红胎，胎质较粗，夹杂有较多细砂粒，内壁施有均匀的酱釉，外壁下部未见釉，底径约4.8厘米。（图二八七）

罐　分为四型。

A型　瓮灶朗窑：5，口、腹部残片，敛口，大平沿，圆唇，上腹部靠近口沿的位置有手捏桥形系，砖红胎，胎质粗糙，表面施有一层较薄的釉质，接近素胎，口沿残存较小。（图二八八）

图二八六　瓮灶朗窑：8　　　　图二八七　瓮灶朗窑：1　　　　图二八八　A型瓮灶朗窑：5

B型　可分为两个亚型。

Ba型　瓮灶朗窑：3，口部残片，直口，小平沿，方唇，唇中部有凹弦痕，灰胎，胎质较粗，夹有细砂，外壁施酱绿釉，口径约6厘米。（图二八九）

Bb型　瓮灶朗窑：1，口部残片，直口，凸圆唇，束颈，灰胎，胎质较粗，夹有细砂，外壁施酱釉，口径约9.5厘米。（图二九〇）

C型　瓮灶朗窑：6，腹部残片，矮领，丰肩，深腹，灰黑胎，胎质较粗，夹有细砂，外壁酱绿釉，肩与上腹部相接处有残缺的手捏桥形耳，肩部有两道刮釉形成的弦纹装饰。（图二九一）

图二八九　Ba 型瓮灶朗窑：3　　　图二九〇　Bb 型瓮灶朗窑：1　　　图二九一　C 型瓮灶朗窑：6

D 型　瓮灶朗窑：2，仅余底部，平底，底部较厚，中心处有一圆孔，底部内壁有中空的管状与圆孔相连，砖红素胎，胎质较粗，外壁可见酱釉的流痕，形制类似花盆，但空管和外壁施釉，下腹内收至底，应属于特殊的罐类，底径 9.6 厘米，空径 2.5 厘米，管残高 3.6 厘米。（图二九二）

图二九二　D 型瓮灶朗窑：2

附耳不明器　瓮灶朗窑：7，残，从形制上看，有一圆形平底，底上部推测为下腹部的地方有手捏桥形耳，具体用途不明。（图二九三）

2. 外来器物

碗　瓮灶朗窑：10，釉下绿彩瓷片，弧腹，灰白胎，胎质细腻，整体施青白釉，釉色莹润，釉下有蓝彩装饰，碗壁有蓝彩团花纹，内外壁施釉，碗口无釉，内壁有冰裂纹。（图二九四）这种造型和纹饰的釉下彩瓷器在福安窑中也有发现，但釉质比福安窑系产品更好。

3. 窑具

圆坨形器　瓮灶朗窑：9，残，一面平整，一面中间高、四周低，胎质为夹砂红陶，质地较粗，应是窑内器具，直径约 14 厘米。（图二九五）

图二九三　瓮灶朗窑：7　　　　　图二九四　瓮灶朗窑：10　　　　　图二九五　瓮灶朗窑：9

（六）下垾园窑址

下垾园窑址位于琼海市石壁镇南星村委会的联村以东，在万泉河的支流白腊沟的东岸。原记录中，窑址建造于唐至宋，呈长方形，东西长 10 米，南北宽 15 米，整体已坍塌覆土，周围已种上橡胶树和椰子树，周边散落较多的砖瓦痕迹，原定年代为宋。从烧造器物看，以烧造青砖、青瓦为主，采集到一件较小的长方形小砖，形制与常见的青砖略有不同。

砖　下垾园窑：1，长方形，砖红胎，胎质坚致，长 15 厘米，宽 6 厘米，高 4 厘米。（图二九六）

图二九六　下垾园窑：1

（七）龙头坡窑址

龙头坡窑址位于琼海市石壁镇南星村委会的龙头坡村以西，在万泉河支流白腊沟的东岸坎上，共 2 座窑炉，连成一片。原记录中，该窑建造于清朝末期光绪年间，两座窑炉相距约 30 米，窑址高约 6 米，周长约 52 米，周边散落较多的砖瓦痕迹，属于砖瓦窑。

砖　龙头坡窑：1，长方形，灰胎，胎质坚致，长 22.2 厘米，宽 9.7 厘米，高 4.8 厘米。（图二九七）

图二九七　龙头坡窑：1

（八）汪洋窑址

汪洋窑址位于琼海市潭门镇苏区村委会的汪洋村东南，原窑年代为明代至清代。该窑址现存一个大土包，四周散落有陶瓷片。据原有记录，其主要生产的陶瓷器有钵类、罐类、碗类和壶类。从采集的标本来看，以碗和罐两种居多，另采集到一胎体较厚的器物，推测为器座。

1. 器物

碗 都为饼足，胎质相比琼海其他地区窑址较好，根据足部差异可分为两型。

A 型 汪洋窑：4，口、腹部残，敞口，弧腹，饼足，灰白胎，胎质略粗，夹杂有较多细砂粒，内壁施青釉，外壁施釉不及底，底径约 5 厘米。（图二九八）

图二九八 A 型汪洋窑：4

B 型 汪洋窑：1，口、腹部残，仅见底部，敞口，弧腹，饼足旋切下收至底，灰白胎，胎质略粗，夹杂有较多细砂粒，底径约 5.6 厘米。（图二九九）

罐 根据唇部和器腹差异分为两型。

A 型 汪洋窑：5，口、颈部残片，带系矮领罐，敛口，平沿，圆唇，矮领，溜肩，领下部有手捏桥形系，深腹，平底，口部残存较小，灰胎，胎质较粗，釉层剥落，推测为酱绿釉，口径约 30 厘米。（图三〇〇）

B 型 汪洋窑：6，口、颈部残片，大口罐，敛口，平沿，尖唇，深腹，平底，口部残存较小，红黄胎，胎质较粗，夹杂较大的砂粒，外壁酱红釉，内壁施有酱绿釉，底径约 40 厘米。（图三〇一）

图二九九 B 型汪洋窑：1

垫座 汪洋窑：3，口部残片，直口，弧腹，下部残缺，胎质较粗，砖红胎，胎质粗糙，口径约 22 厘米。（图三〇二）

图三〇〇 A 型汪洋窑：5　　图三〇一 B 型汪洋窑：6　　图三〇二 汪洋窑：3

2. 特征

该窑碗类器物的胎质较细，瓷化程度高，明显优于其他器物。

十一、儋州市

（一）碗窑村窑址

碗窑村窑址位于东成镇碗窑村，共 5 座窑炉。结合《儋州文物概览》[①]的相关介绍和实际

①张林彬：《儋州文物概览》，广东旅游出版社，2013，第17页。

的探查发现：村东北部有窑 2 座，分别为窑仔窑（Y1）、长窑（Y2）；村西南 50 米有 3 座，呈三角分立，分别为手臂窑（Y3）、打缸陈窑（Y4）、榕头窑（Y5）。5 座窑自南宋开始烧窑，至 20 世纪 60 年代停产，期间主要生产青釉瓷器和带釉陶器。5 座窑均为圆形封土，砖砌，顶上有通风口。其中，Y1 面积约 1400 平方米、高约 8 米，Y2 面积约 1600 平方米、高约 10 米，Y3 面积约 900 平方米、高约 5 米，Y4 面积约 1500 平方米、高约 10 米，Y5 面积约 1500 平方米、高约 10 米。该窑址采集到青釉、酱黄釉、釉下绿彩瓷器，器形有碗、盘、垫饼、瓷权、钵等；另有各式带釉陶器，器形有罐、缸、笔筒等。窑址现长满杂草和高大的灌木，暂定年代为南宋到清。

1. 素胎和带釉陶器

缸　可根据平沿和无沿两种形制，分为两型。

A 型　碗窑村窑：1，口、腹部残片，敛口，平沿，尖圆唇或方唇，深腹，砖红胎，胎质粗糙，表面有少量釉滴，口径约 44 厘米。（图三〇三）另有口径约 52 厘米的器物。

B 型　碗窑村窑：2，口部残片，近直口，大圆唇，深腹，灰白胎，胎质粗糙，整体施酱红釉，口径约 40 厘米。（图三〇四）

盆　可分为三型。

A 型　碗窑村窑：11，口部残片，敞口，平沿，方唇，弧腹，灰胎，胎质粗糙，外壁施酱黄釉，口沿下部有漏釉现象，口径 25 厘米，残高 9.4 厘米。（图三〇五）

图三〇三　A 型碗窑村窑：1　　　图三〇四　B 型碗窑村窑：2　　　图三〇五　A 型碗窑村窑：11

B 型　碗窑村窑：10，口部残片，敞口，平沿，方唇，弧腹，生烧，白胎泛黄，胎质较细，施酱釉，部分未烧熟，口沿无釉，口径 37 厘米，残高 7.1 厘米。（图三〇六）

C 型　碗窑村窑：12，可复原，敞口，平沿，大方唇凸出盆壁，弧腹，平底，四面，砖红胎，胎质粗糙，口沿处有少量青黄釉，口径 23 厘米，底径 13 厘米，高 5 厘米。（图三〇七）

图三〇六　B 型碗窑村窑：10　　　　　　图三〇七　C 型碗窑村窑：12

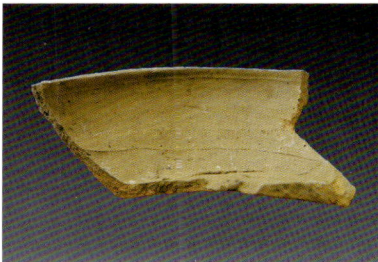

罐　可分为三型。

A 型　碗窑村窑：15，口、腹部残片，以直口多见，另有口部微侈的，高领，颈下部有手捏桥形系，深腹，平底，黄白胎，胎质粗糙，器物内外壁施不均匀的青黄釉或黄釉，口径约 12 厘米。（图三〇八）

B 型　碗窑村窑：17，腹部残片，内口微敛，内口与外口中间有盖槽，深腹，上腹部有手捏桥形系，应是盖罐的形制，从口部推测整体形制应较大，砖红胎，胎质粗糙，施酱黄釉，内口径约 20 厘米。（图三〇九）

C 型　碗窑村窑：19，口、腹部残片，敛口，平沿，尖圆唇，深腹，砖红胎，胎质粗糙，表面有未烧熟、较薄的黄白色釉层，口径约 25 厘米。（图三一〇）

图三〇八　A 型碗窑村窑：15　　　图三〇九　B 型碗窑村窑：17　　　图三一〇　C 型碗窑村窑：19

酒盅　碗窑村窑：23，可复原，敞口，弧腹，矮圈足近平底，砖红素胎，胎质粗糙，口径 5 厘米，底径 3.2 厘米，高 1.3 厘米。（图三一一）

图三一一　碗窑村窑：23

盆托　碗窑村窑：29，残，敞口，平沿，方唇，浅弧腹，平底，砖红素胎，胎质细腻，口径约 17 厘米，底径约 14 厘米，高 1.5 厘米。（图三一二）

筒形器　碗窑村窑：24，底、腹部残片，直腹，宽矮圈足近平底，黄白胎，胎质粗糙，外壁有较薄的酱釉层，内壁施酱釉，可能为文房笔筒，底径约 14 厘米。（图三一三）

图三一二　碗窑村窑：29

图三一三　碗窑村窑：24

　　手柄　碗窑村窑：25，残，为圆柱形，一边与器身相接，内部中空，灰白胎，胎质较粗，施青黄釉，残存通长约 7 厘米，最大径 2.8 厘米，推测为急销的手柄。（图三一四）另有碗窑村窑：9，仅余口部和柄部，子母口，器腹一侧置手柄，柄呈圆柱形，中空，砖红胎，胎质细腻，残宽 6 厘米，残长 7.6 厘米，残高 4.5 厘米，推测为急销的手柄。（图三一五）

图三一四　碗窑村窑：25

图三一五　碗窑村窑：9

　　蒸馏器　碗窑村窑：16，残，仅流中间夹层，下层留有两个系，缺失两个系，下层与中间夹层为一体，向上有三个椭圆形口子，上层与下层为胎接，上层近中部置有圆形流，砖红胎，胎质细腻，表面施不均匀的酱釉，部分釉质未烧熟，呈现黄白色。（图三一六）

　　器盖　碗窑村窑：18，可复原，变形，盖面内凹，沿边平折，灰胎，通本沾有窑渣，灰胎，胎质粗糙，盖直径 12 厘米，高 1.25 厘米。（图三一七）

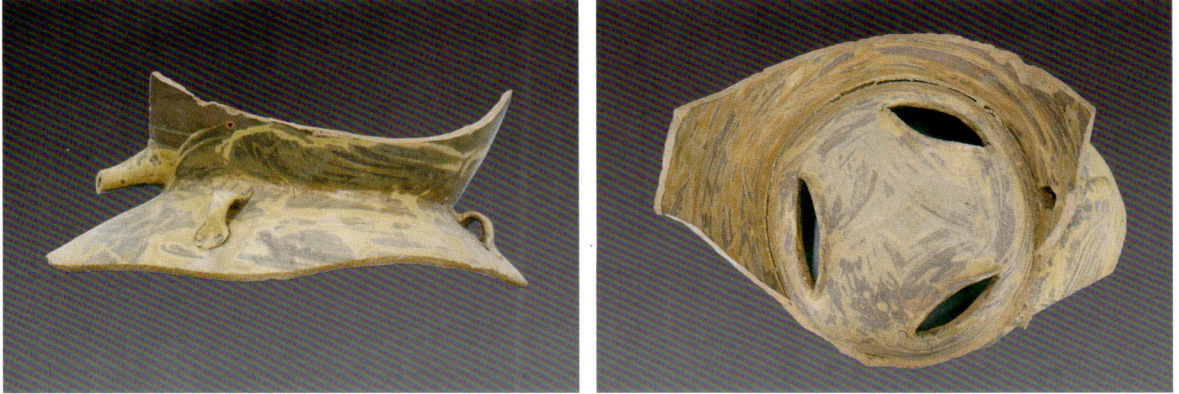

图三一六　碗窑村窑：16

图三一七　碗窑村窑：18

　　环形鍪　碗窑村窑：8，残，为器身一侧把手，呈扁环接在腹部，器耳上印有条纹，中间印有楷书"流"字，"流"字左边上部少一点，残宽4.9厘米，残高4.7厘米。（图三一八）碗窑村窑：26，为器身一侧把手，近圆形，由一扁宽泥条卷曲而成，上部有数道凸弦纹和一圈凸点状装饰，灰白素胎，胎质细腻，鍪通长2.8厘米。（图三一九）

图三一八　碗窑村窑：8

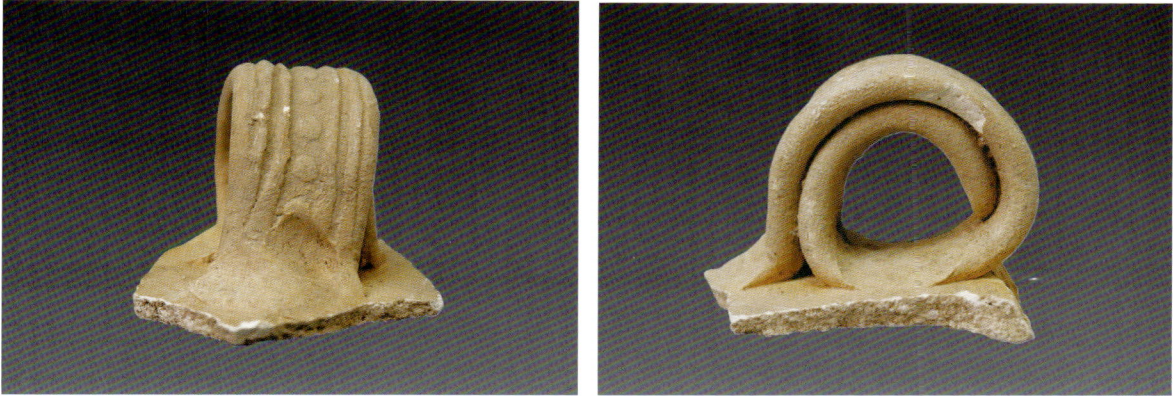

图三一九 碗窑村窑：26

2. 瓷器

（1）青釉

碗 可分为两型。

A型 碗窑村窑：14，足部残片，敞口，弧腹，圈足，灰白胎，胎质细腻，内外壁施青釉，施釉及底，圈足底部无釉，足径10厘米。（图三二〇）

B型 碗窑村窑：13，足部残片，大圈足，白胎，胎质细腻，施青釉，釉色泛灰，釉层较薄，外壁施釉不及底，内壁仅见碗心处有釉，足底无釉、有明显的旋削痕，修足规整，足径11厘米。（图三二一）

图三二〇 A型碗窑村窑：14

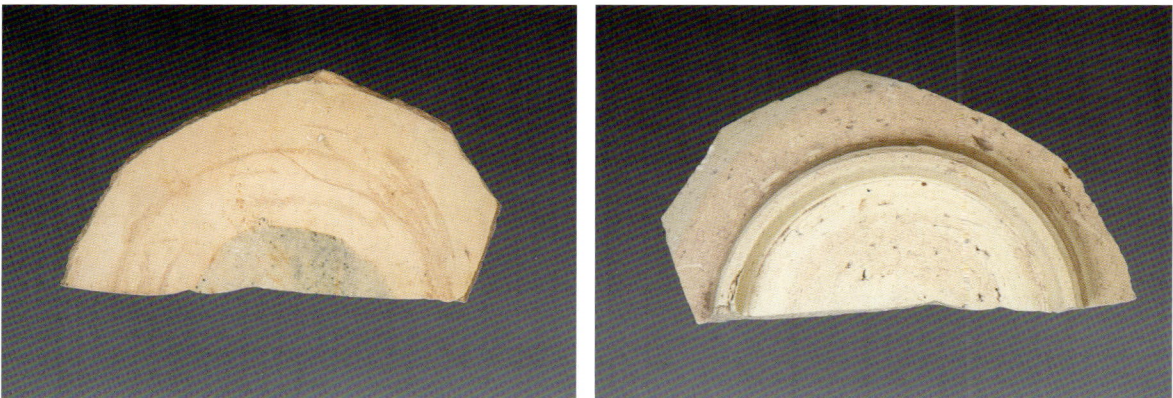

图三二一 B型碗窑村窑：13

（2）酱绿釉

灯盏　可根据形制不同，分为三型。

A 型　碗窑村窑：31，可复原，敞口，弧腹，平底，白胎，胎质细腻坚致，内壁施满釉，外壁仅在口沿和上腹部施釉，下腹部和底部无釉，口径 10 厘米，底径 5.8 厘米，高约 2.5 厘米。（图三二二）

图三二二　A 型碗窑村窑：31

B 型　碗窑村窑：32，可复原，敞口，弧腹，平底，白胎，胎质细腻坚致，仅在口沿和上腹部施釉，下腹和底部无釉，口径 7.4 厘米，底径 4.5 厘米，高约 1 厘米。（图三二三）

图三二三　B 型碗窑村窑：32

C 型　碗窑村窑：33，可复原，直腹，平底，平底下有小圈足，白胎，胎质细腻坚致，仅见少量的油滴，底径 10.2 厘米，圈足 4.7 厘米。（图三二四）

图三二四　C 型碗窑村窑：33

壶　根据形制不同，分为三型。

A 型　碗窑村窑：3，口部缺失，高领，上腹部略鼓，折腹，下腹斜收至底，上腹部有两个圆环形系，圈足，足墙外撇。白胎泛黄，胎质坚致，挖足过肩，通体施酱绿釉，足底无釉，壶内有明显的拉坯痕，壶外有粘连，残高 9 厘米，足径 6.3 厘米。（图三二五）

图三二五　A 型碗窑村窑：3

B型 碗窑村窑：21，流部残，直口，平沿，高领，丰肩，肩部附五个桥形系，其中一个桥形系与壶流相对，其余四个对称分布，深腹下收至底，平底，灰胎，胎体坚致，整体施青黄釉，施釉不及底，口径 13.1 厘米，底径 15.3 厘米，高 31 厘米。（图三二六）

C型 碗窑村窑：22，口、腹部残片，方唇，微侈口，灰白胎，胎质坚致细腻，壶柄、壶流缺失，有流釉现象，口沿处有粘连，口径 4.3 厘米，残高 5.4 厘米。（图三二七）。

图三二六 B型碗窑村窑：21 　　　　　　图三二七 C型碗窑村窑：22

器盖 碗窑村窑：6，可复原，圈足状纽，弧顶，沿边微上翘，子口，白胎泛黄，胎体坚致细腻，酱绿釉，纽内外施釉，纽口无釉，顶近纽处施釉一圈，流釉，其他部位均无釉，有粘连，顶部有旋削痕，纽径 5 厘米，通高 3.9 厘米，盖径 16 厘米，口径 13.8 厘米。（图三二八）

图三二八 碗窑村窑：6

（3）青釉釉下彩

碗 碗窑村窑：27，腹部以上残，敞口，弧腹，大圈足，灰白胎，胎质细腻，施釉及底，圈足底部基本无釉，碗心有叠烧的环状涩圈，器壁有釉下暗蓝彩的装饰，底径 7.2 厘米。（图三二九）

图三二九 碗窑村窑：27

3. 窑具

垫饼 碗窑村窑：28，圆饼形，白胎，胎体坚致。（图三三〇）垫饼大小略有差异，直径一般在 8.8 厘米至 10.1 厘米，高 1.5 厘米至 2.2 厘米。

图三三〇 碗窑村窑：28　　　　　　　　图三三一 碗窑村窑：30

4. 特征

碗窑村窑址烧造的陶瓷呈现出随胎质不同，器形也存在较大差异的特点，泥质红陶和带釉陶器一般烧造较大的贮存器物，瓷器多是一些小型器物。装饰风格上，泥质红陶多为素面；带釉陶器上有刻划弦纹和水波纹装饰，还发现有蛙形装饰的碗窑村窑：30（图三三一）。青釉瓷器上施有釉下暗蓝彩装饰，是海南古窑址青釉瓷器的烧造中常见的技法和样式。从表面看，釉下暗蓝彩和青花相似，但其实并非青花瓷器，具体原因会在后面详述。

十二、白沙黎族自治县

（一）什吾窑址

什吾窑址位于牙叉镇政府西边。该窑为土窑，窑膛为方形，以露天烧制陶器为主。20世纪 80 年代文物普查时采集有泥质灰胎硬陶盆、提梁壶残片等，暂定年代为清。2019 年 6 月的调查中在窑址附近采集到带釉陶罐、陶盆、提梁壶、垫圈残片和几片釉下蓝彩的瓷片。从采集品来看，陶盆、提梁壶应是露天烧制，属于黎陶范畴；带釉陶罐则是窑址烧造。

1. 器物

（1）带釉陶器

罐 根据形制不同，分为三型。

A 型 什吾窑：2，口部残片，内口与外口中间有盖槽，内口为一平面，中部有一圆口，丰肩，深腹，应是盖罐形制，灰白胎，胎体粗糙，施酱釉，内口径约 20 厘米。（图三三二）

B 型 什吾窑：3，仅余较小的口部残片、唇口。（图三三三）

壶 什吾窑：1，口、颈部残片，直口，小平，方唇，矮领，丰肩，肩部有流，流已残损，灰胎，胎体坚致，整体施酱红釉夹杂黑釉，流内壁亦施釉，口径 12 厘米。（图三三四）

图三三二　A 型什吾窑：2　　　　图三三三　B 型什吾窑：3　　　　图三三四　什吾窑：1

（2）窑具

内凹垫圈　什吾窑：4，可复原，近圆形，上下都为平面，一面中部内凹，由中部向周边高度渐低，黄白胎，胎质坚致粗糙，直径约 44 厘米，高约 2.6 厘米，应是支烧缸等大型器物的垫具。（图三三五）

图三三五　什吾窑：4

（3）素胎陶器

口沿、提梁　口沿（图三三六）和提梁（图三三七）的造型都近似圆柱条，手捏制成形。据黎陶学者讲述，这两件器物是用比较原始的片筑法成型，然后拍打。如此生产出来的器形一般不甚规整，属于平地堆烧制作的陶器。现在黎族还在延续此种技法，多是砖红胎或灰胎，属于近现代器物。

图三三六　什吾窑：6　　　　　　　　图三三七　什吾窑：8

（4）外来瓷器

另采集到几件釉下蓝彩的瓷器，其中一件较大的瓷片是什吾窑：5（图三三八），弧腹，圈足，白胎，胎质细腻，整体施青白釉，釉下有蓝彩装饰，碗心有一蓝彩团花纹，内外壁施釉，圈足底部无釉（另有一片底部满釉），碗心有较宽的圆形涩圈，为垫烧痕迹。此件瓷片相比海南岛其他窑址烧造的釉下彩瓷器质量更高，推测为周边地区或福建烧造的外来瓷器。这种造型和纹饰的釉下彩瓷器在儋州博物馆藏中也有发现。

图三三八　什吾窑：5

2. 特征

什吾窑址的烧造历史相对复杂，从采集到的窑具和带釉陶器来看，此地原来就有古窑址存在。从手捏陶器来看，黎族的平地堆烧法在此地也有较长时间的烧造。据村民介绍，废弃黎陶烧造的时间不长。从烧造器物的胎体、器形、是否带釉等特征可以明确区分两种不同时期的窑业遗存。从采集的标本来看，古窑址烧造的器物有酱釉、酱绿釉，另有釉面施褐彩（图三三九）的装饰手法，有弦纹等几何纹饰，胎体多是灰白胎。近现代平地堆烧的器物多是砖红胎和灰胎，手工捏制，圆柱条的外形是其特色。

图三三九　什吾窑：7

图三四〇　九架老村窑：1

（二）九架老村窑址

九架老村窑址位于牙叉镇政府西约 5 千米，九架老村西南约 100 米的一处高地的南坡上，西为九架岭，北为什吾村，南为芭蕉村，南、西、北三面环山，南侧为牙叉镇至邦溪镇的省级公路，现存陶窑面积 130 平方米。窑址依山势而建，长 10 米，宽 2 米。窑膛近似圆形，直径 1.5 米，宽 2 米。20 世纪 80 年代采集有泥质灰胎硬陶盆等遗物，现窑址地表已种植农作物，暂定年代为清。2019 年的调查中，仅发现黑陶缸。

缸　九架老村窑：1，口部残片，口部微敛，大平沿，斜方唇，深腹，黄白胎，整体施黑釉，口径约 44 厘米。（图三四〇）

第三章　海南岛古窑址的特点

海南岛古窑址的整体特征是基于已发现的窑址和采集标本来总结的，在一定程度上应该可以反映海南岛古窑址的很多特点。

第一节　窑址分布和窑炉形制、选址

一、窑址分布

从海南岛古窑址整体的分布图（图一）来看，窑址沿河、沿海等靠近水源分布的特征极为明显，大部分古窑址分布在南渡江、万泉河、昌化江、三亚河及这几条河的支流附近，以及沿海地区。

另有部分窑址附近的河流由于流量较小，未在窑址分布图上显示，如万宁山根窑址旁边的山根河，琉川窑址旁边的琉川溪等。而且窑址一般处于河流的中下游流域，如窑址分布密集的澄迈和琼海地区，大部分窑址都位于南渡江和万泉河的中下游流域。中部的白沙黎族自治县和乐东黎族自治县各发现一处窑址，中部的屯昌县、五指山市、琼中苗族自治县和保亭黎族苗族自治县基本处于河流的上游区域，尚未发现有窑址分布。河流的中下游地区相对来说地势比较平坦，无论是陆路交通还是水陆交通都相对比较便利。

二、窑炉形制和选址

中国古代的陶瓷窑炉根据火焰在窑室内的流动方向，可以分为升焰窑、半倒焰窑、倒焰窑和平焰窑；根据窑炉外形不同，则可分为馒头窑、龙窑、阶级窑和马蹄形窑等。在众多古窑址中，仅对福安窑进行了发掘工作，确定为横式阶级窑；田朗园窑址（图三四一）和汪洋窑址中各有

图三四一　田朗园窑排烟口和窑顶

图三四二　高山窑址

图三四三　三曲沟窑址

一个窑炉暴露在外，穹顶都有部分坍塌，是明显的馒头窑。海南岛由于自然和地理环境的原因，其他窑址都存在覆土种植农作物的现象，所以大部分窑址仅能根据覆土后的形态判断其形制，而且前提是保存较为完好的，其中，除高山窑址定为马蹄形窑（图三四二），三曲沟窑址也可看出是狭长的龙窑（图三四三）外，旧县村窑址、琉川窑址等破坏严重或已灭失，已无法确定窑形。整体来看，海南岛的古窑址主要以龙窑和馒头窑为主。龙窑一般多利用坡地的走向，由低到高来确定窑炉的筑造和朝向，主要烧造瓷器和带釉陶器，馒头窑则多见烧造带釉陶器和砖瓦器。

从田朗园窑址和汪洋窑址暴露的馒头窑的穹顶和排烟口来看，根据其火焰在窑室内的流动方向应归为半倒焰窑或倒焰窑。根据李清临先生等人的研究，半倒焰窑的火膛与烧成部间没有任何相隔，二者同处窑室内，窑室后面会有烟道，烟道下方开有吸火孔与窑室相通[1]。烧窑时，火焰首先自火膛斜直升至窑顶，由于受到窑室后壁下方吸火孔的吸引，转而倒向窑室下后方，烟则经吸火孔进入烟道、排出窑外。（图三四四）半倒焰窑与倒焰窑的区别在于，倒焰窑窑床会等距离砌制几条烟道，形成吸火孔网，烧窑时，火焰首先从火膛斜直喷至窑室顶部，继而在窑床上吸火孔的吸引下全部倒向窑床，烟则从吸火孔进入烟道，随后经窑室后壁下方的吸火孔进入烟囱，排出窑外。（图三四五）由于田朗园窑馒头窑高约数米，尚未发掘，从上部坍塌处看不到下部有无吸火孔网，所以具体为半倒焰窑或倒焰窑还有待进行进一步调查。

根据郝思德先生在《澄迈福安清代窑址考古发掘的主要收获》中的研究，福安窑的 2 号

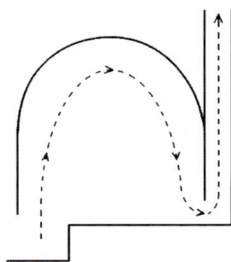

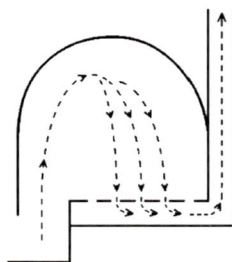

图三四四　半倒焰窑火焰示意图[2]　　图三四五　倒焰窑火焰示意图[3]　　图三四六　福安窑址 2 号窑（横式阶级窑）[4]

①李清临等：《中国古代陶瓷窑炉分类浅议》，《江汉考古》2017年第6期。
②李清临等：《中国古代陶瓷窑炉分类浅议》，《江汉考古》2017年第6期。
③同上。
④郝思德：《澄迈福安清代窑址考古发掘的主要收获》，载蔡俐红主编，澄迈县博物馆编《澄迈历史文化图录》，南方出版社，2007，第132页。

窑炉为横式阶级窑（图三四六），根据地势修建在缓坡上，平面呈长方形[①]。窑炉通长为 15 米、宽约 3.1 米，火膛底部为斜坡状，窑炉共有窑室 7 间，内用条砖砌成台面，数量 3 至 4 个不等，呈台阶式排列，用于摆放器物。每间窑室大小不同，第 1 间最小，第 6 间最大。窑室前部有长方形烧沟，宽 23～33 厘米，其上部用条砖砌成前隔墙，并设有通火孔。每间窑室两壁设有投柴口，窑炉尾部破坏，残留的条砖台面未确定是否为窑炉排烟室。除福安窑外，三曲沟窑址现存的两座巨大窑炉是最值得关注和研究的龙窑，窑址附近就有可以烧造陶瓷器的原料，又靠近河流并沿海，年代上很可能具有较长的延续性，下一步对三曲沟窑进行全面调查是海南岛龙窑研究的一个很好的切入点。

海南岛窑炉选址一般在河流和沿海地区，是为方便取水和利用水路交通的便利。除此以外，烧造原料也是选址的重要指标。乐东三曲沟窑址附近土色灰白，且现在三曲沟附近的龙窑烧造陶器也是在此地取土，所以其古窑址的烧造很可能也是就地取材。在对美杨窑址的调查中，在其北部数百米的地方也发现了瓷土遗迹。这两处陶瓷原料的发现证明了烧造原料也是海南岛古窑址选址的依据。另外，如昌江旧县村窑址、三亚儒学堂窑址、三亚高山窑址都靠近当地的治所所在地，这样的分布特点与城镇的分布、人口的密度基本上是成正比的。陶瓷器在古代具有商品的属性，在人口较多的城镇附近烧窑对其销售是有利的，同时先进的窑业技术也比较容易在这些地方传播。

第二节　典型器形

民国年间的《海南岛志》成书于 1929 年左右，其中的"窑业"部分提到岛上陶器以缸瓮瓯盆为主，水缸为"琼、定"两地制造，其余为安铺和钦县供给[②]。这里的"琼、定"指的应是原琼山县和定安县，制缸法是用轮制拉坯成形。由于民国时期的行政区域的划分与中华人民共和国成立后略有差异，所以现在的定安县和民国时期应有所不同，但可以肯定的是民国年间定安县境内或其附近应有陶窑。考虑到民国的《海南岛志》中陶缸依轮制法成形的记载，而从工艺上说只有器形相对较小的器物才能用轮制制作，我们一般意义上的缸属于较大器物，同时考虑到器物定名差异的问题，所以推测民国年间所谓的"缸"有可能就是黄桐岭窑址和石岭村窑址中的瓮和罐，这当然只是根据文献和工艺等做出的推测，还需要更多的考古资料的证实。

从考古发掘、馆藏和采集的标本来看，海南岛古窑址烧造的典型器物有饼足碗、瓷权、盖罐、鱼形器、高领罐等。

[①] 郝思德：《澄迈福安清代窑址考古发掘的主要收获》，载蔡俐红主编《澄迈历史文化图录》，南方出版社，2007，第 34—35 页。
[②] 陈铭枢总纂，曾蹇主编：《海南岛志》，海南出版社，2004，第 423 页。

一、碗类器物

(一) 圈足碗

圈足碗是海南岛古窑址中最具代表性的器物，有青釉、青釉釉下彩、酱釉、青绿釉和青黄釉之分。尤其是青釉圈足碗在福安窑系的各个窑址中都有发现，是烧造的主流产品。这类碗除器形上有一定的差异外，基本都以大圈足为主，中小圈足较少，圈足高低不一，多为灰白胎，外壁施釉不及底，碗心无釉或有薄釉并涂抹类似酱釉的褐彩斑块，足内壁外撇，足底大部分无釉，有明显的修足痕迹（图三四七、图三四八、图三四九、图三五〇）。除青釉圈足碗外，还有福安窑系的青釉釉下彩碗（图三五一）、青绿釉碗（图三五二）和酱釉碗（图三五三），只是釉色有所不同。

除福安窑系常见的大圈足碗外，其他古窑址中有较大区别的圈足大体还有六类：第一类是旧县村窑的 A 型碗（图三五四）和 C 型碗（图三五五），A 型碗的足部旋挖成漏斗形，内部有明显叠烧的环形涩圈；C 型碗圈足比福安窑系的明显要小，足壁也相对较厚。A 型和 C 型碗有明显的差异，但都为厚壁圈足，故归为一类。第二类以福安窑：37（图三五六）和窑上村：20（图三五七）为代表，圈足较高、较大，足壁也略厚，要指出的是福安窑：37 足底施釉，窑上村：20 则无釉，并且两者的胎质等都略有差异。第三类代表是高山窑：1（图三五八）和山根窑：4（图三五九），修足规整高薄，圈足较小，底部平切，其中高山窑仅发现一件瓷器碗底，不排除是外来产品。第四类以大坡村窑：3（图三六〇）、大坡村窑：4（图三六一）、三曲沟窑：5（图三六二）、瓦灶墩窑：7（图三六三）、黄桐岭东窑：3（图三六四）和碗灶墩窑：4（图三六五）为代表，除瓦灶墩窑：7 外，圈足一般较大，底部平切，极为规整。第五类以旧县村窑：8（图三六六）为代表，圈足较高，较薄，有明显的修足痕迹。第六类以旧县村窑：9（图三六七）和黄桐岭东窑：1（图三六八）为代表，圈足较矮，接近于卧足。

表一四　海南岛古窑址圈足碗的分类与特征

圈足碗类别	窑址	圈足特征	类别
1	福安窑、美杨窑、深涌岭窑和碗窑村窑	一般是大圈足，灰白胎，胎质细腻，外壁施釉不及底，碗心有薄釉并涂抹类似酱釉的褐彩斑块，足底无釉且有明显的旋削痕，修足规整	瓷器
2	旧县村窑	圈足相对较高，足壁相对较厚	瓷器
3	福安窑、窑上村窑	圈足较高，足外壁与内壁基本持平	瓷器
4	高山窑和山根窑	圈足规整高薄，底部平切	瓷器
5	大坡村窑、三曲沟窑、瓦灶墩窑、黄桐岭东窑和碗灶墩窑	大圈足相对较矮，足内平整	瓷器
6	旧县村窑	圈足高薄	瓷器
7	黄桐岭东窑、旧县村窑	圈足较矮，接近卧足	瓷器

海南岛七类圈足碗（表一四）底足的不同，很大程度可能是因为时代的差异。从中国陶瓷史的发展历程看，旧县村窑的 A 型和 C 型碗，一般在明代以前较为常见；瓦灶墩窑：7 这种平切的小圈足一般以元代最为多见；旧县村窑：8 的全组造型也接近于宋元时期，不过不

排除此件碗底为外来器物的可能性。根据原有的研究，福安窑系的大圈足碗一般定在清代。从器物的胎质、釉色和形制的差异等方面分析，推测福安窑系的大圈足碗年代最晚，其他碗类除福安窑：37、窑上村：20 和高山窑：1 外，推测时代要早于清代。

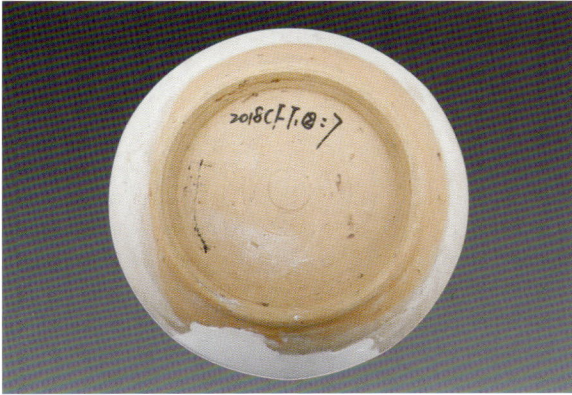
图三四七　福安窑：40

图三四八　深浦岭窑：8

图三四九　美杨窑③：35

图三五〇　碗窑村窑：13

图三五一　福安窑：38

图三五二　美杨窑：73

图三五三　福安窑：42

图三五四　A 型旧县村窑：11

图三五五　C 型旧县村窑：13

图三五六　福安窑：37

图三五七 窑上村窑：20

图三五八 高山窑：1

图三五九 山根窑：4

图三六〇 大坡村窑：3

图三六一 大坡村窑：4

图三六二 三曲沟窑：5

图三六三 瓦灶墩窑：7

图三六四 黄桐岭东窑：3

图三六五 碗灶墩窑：4

图三六六 旧县村窑：8

图三六七 旧县村窑：9

图三六八 黄桐岭东窑：1

（二）饼足碗

在海南岛的 10 个窑址中都发现烧造有饼足碗，从釉色来看，有青釉、酱釉和酱绿釉之分。从胎质的外观来看，大体可分为瓷器和带釉陶器。旧县村窑：12 和旧县村窑：19 等饼足碗（图三六九、三七〇、三七一），为白胎或灰白胎，胎质细腻坚致，瓷化程度高，整体呈现出成熟瓷器的特点；碗灶墩窑：1（图三七二）、黄桐岭东窑：2（图三七三）、大坡村窑：1（图三七四）、大坡村窑：2（图三七五）、汪洋窑：1（图三七六）、汪洋窑：4（图三七七），多为白胎或灰白胎，质地较为坚致，胎体较为细腻，基本属于瓷器范畴；礼都窑：4（图三七八）、上灶村窑：2（图三七九）、五尧村窑：10（图三八〇）、昌南村窑：1（图三八一）、窑上村窑：2（图三八二）、瓮灶朗窑：1（图三八三），虽胎质略坚致，但胎体粗糙，一般为砖红胎或灰胎发黑，归为带釉陶器相对合理。

以下为海南岛古窑址饼足碗的分类与特征。（表一五）

表一五　海南岛古窑址饼足碗的分类与特征

窑址	釉色	胎质	类别
旧县村窑	青黄釉	灰白胎、红胎（未烧熟），胎质细腻坚致	瓷器
碗灶墩窑	酱绿釉	灰白胎，胎质较为细腻坚致	瓷器
黄桐岭东窑	未见施釉	黄白胎，胎质较为细腻坚致	瓷器
汪洋窑址	青釉	灰白胎，胎质略粗，夹杂有细砂粒	瓷器
大坡村窑	酱釉	灰白胎，胎质略粗，夹杂有细砂粒	瓷器
礼都窑	酱釉	灰黑胎，胎质较粗，夹杂有细砂粒	带釉陶器
上灶村窑	酱釉	砖红胎或灰黑胎，胎质较粗，夹杂有砂粒	带釉陶器
五尧村窑	酱釉	砖红胎，胎质较粗，夹杂有砂粒	带釉陶器
昌南村窑	酱釉	灰黑胎，胎质较粗，夹杂有砂粒	带釉陶器
窑上村窑	酱绿釉	灰黑胎，胎质较粗，夹杂有砂粒	带釉陶器
瓮灶朗窑	酱釉	砖红胎，胎质较粗，夹杂有砂粒	带釉陶器

图三六九　旧县村窑：12　　　　图三七〇　旧县村窑：19　　　　图三七一　旧县村窑饼足碗

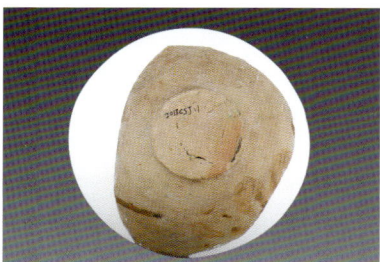

图三七二　碗灶墩窑：1　　　　图三七三　黄桐岭东窑：2　　　　图三七四　大坡村窑：1

图三七五　大坡村窑：2　　　　图三七六　汪洋窑：1　　　　图三七七　汪洋窑：4

图三七八　礼都窑：4

图三七九　上灶村窑：2

图三八〇　五尧村窑：10

图三八一　昌南村窑：1

图三八二　窑上村窑：2

图三八三　瓮灶朗窑：1

1. 瓷碗

从旧县村窑址饼足碗的形制、胎质以及釉色等来看，制瓷水平是完全异于并领先于海南岛其他窑址的饼足碗的。青黄釉器物除饼足碗外，另有一件高圈足碗，足部旋挖成漏斗形，从形制上看，属于饼足碗向圈足碗的过渡阶段；从釉色、胎质等来看，应与饼足碗出现在同一时代。

除这件漏斗状足的圈足碗外，旧县村窑址发现的其他圈足碗都为青釉，旧县村窑：8和旧县村窑：10两件圈足碗都为灰白胎，瓷化程度极高，釉色青翠柔和，质地明显优于其他窑址的青釉圈足碗。考虑到旧县村窑址本来就发现有可确定的外来瓷片，不排除旧县村窑：8和旧县村窑：10是外来瓷片的可能性。但旧县村窑的青釉碟中，旧县村窑：7的碟心有明显的砂质垫块的痕迹，砂质垫块还较大，是一种较为原始的叠烧时防止粘接的间隔物，且旧县村窑：8施釉不及底，下腹底部和圈足都无釉，圈足底部有明显的旋削痕迹，可见旧县村窑：8、旧县村窑：10与旧县村窑：7的胎质一致，整体与其他省份的青釉瓷器相比有一定的差距，故笔者更偏向于这三件器物为旧县村窑自身烧造，器形与浙江、福建地区宋元时期的器物较为一致。

可确定为外来的三件瓷片，其中两件（图三八四、图三八五）为具有明显特征的元代龙泉青瓷，另一件青瓷泛黄的小瓷片，从胎质、釉色和纹饰等分析，可能为福建或浙江窑口的瓷器，由于残片较小，只能确定大体年代在宋元时期。外来瓷片与旧县村窑青釉圈足碗应该大体是同时代的。青黄釉饼足碗从造型、青黄的釉色和相对于青釉碗较为粗糙的胎质来看，年代上应比青釉碗早。

图三八四 旧县村窑址采集的龙泉瓷片 1

图三八五 旧县村窑址采集的龙泉瓷片 2

从中国陶瓷史的发展来看，瓷器饼足碗在唐代中期以前多见，唐、五代多为玉璧、玉环足，到宋代以后基本普及圈足，宋元时期南方地区也偶有发现饼足器物，但较为罕见。从标本的器形、胎质等特征来看，海南岛各窑址在唐代以前烧造这么成熟的器物的可能性不大，但不排除在宋元以前就已可烧造的可能性。

旧县村原为昌江的县治驻地，20 世纪 60 年代县政府迁至现在的石碌镇。昌化之名始于隋代，隋大业三年（607 年），"即汉至来县故地置义伦、昌化、吉安三县"①，昌化县之名自此有之。"县城位于昌化大江北岸，距昌江 6 里许"②，即县治在今之昌城乡旧县村或附近区域，旧县村之名也由此得来。旧县村窑址所在的旧县村自隋代起就已经为县治所在地，所以旧县村窑址在宋元以前烧造瓷器是有其自身条件的。龙泉窑等外来瓷器的发现，足以证明当时作为县治的旧县村对外交流的频繁和自身的繁荣。这些外来瓷器可能被旧县村窑工以之为蓝本烧造瓷器，旧县村窑：7、旧县村窑：8、旧县村窑：10 与浙江、福建瓷器有许多共同点就不足为奇了。

除旧县村窑址外，其他烧造饼足碗瓷器的窑址中，大坡村窑址也有外来瓷器（图三八六）的发现。大坡村的这件瓷碗底，仅余圈足，圈足略高且小，灰白胎，胎质细腻坚致，比较像浙江、福建地区的产品，可以作为大坡村饼足碗年代的佐证。大坡村饼足碗的釉色、胎质与大坡村的圈足碗是相同的，器形也相差不大，也就是说两者属于同一时代。大坡村圈足碗都为大圈足，足壁较厚，与其他省份宋元时期的瓷器圈足形制相像，所以大坡村饼足碗的年代推测也为宋元时期。碗灶墩窑、汪洋窑、黄桐岭东窑与大坡村窑的饼足碗形制、胎质等基本一致，年代应也大体一致。

①萧应植修,陈景埙纂:《乾隆琼州府志·卷一·地舆志》,海南出版社,2006,第54页。
②陈志:《海南岛新志》,海南出版社,2004,第52页。

图三八六　大坡村窑址采集的外来瓷片

2. 带釉陶碗

陶碗的断代是比较复杂的，饼足的陶碗尚无较为详细的年代发展序列的总结。张龙丹等先生整理的《明沈侨夫妇墓发掘简报》中就有饼足素胎陶碗（图三八七）的发现，即明代中原地区还有制作饼足陶碗的实例。考虑到明代洛阳的发展情况，这种陶碗应不是实用器，而只是一般的陪葬品。值得注意的是，近现代海南岛乐东地区还有饼足陶碗的烧造（图三八八），但只见素胎器。根据常识来看，陶碗不施釉的情况下吸水率会很高，属于比较原始的发展阶段。发现带釉饼足陶碗的几处窑址只有窑上村窑址隶属东方市，与发现近现代素胎饼足陶碗的乐东黎族自治县距离较近。

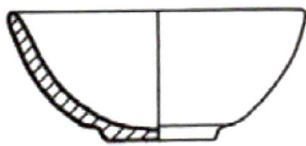

图三八七　明沈侨夫妇墓出土的饼足碗[1]　　　图三八八　乐东黎族自治县采集的近现代陶碗

二、瓷权

瓷权是海南岛最富特色的器物，一般上部有亚字形盖，为圆形盖切掉两处对称的弧形三角，鼓腹，实心，尚未在其他地区发现此类造型的瓷权。从采集标本和馆藏资料来看，澄迈县的美杨窑址、福安窑址和儋州市的碗窑村窑址都发现有烧造此类器物，釉色以青釉（图三八九）和酱绿釉（图三九〇）最为常见。相对于窑址所出的其他器物，瓷权的保存是最为完整的，但难免存在少量瑕疵，在称量上与实际用途的瓷权存在一定误差。从能总结的资料来看，瓷权依大小可分为6类，重量约由0.25千克到1.75千克不等。从数据上看，瓷权作为称量工具是具有一定依据的。

---

[1]张龙丹、张翠玲、吴业恒：《明沈侨夫妇墓发掘简报》，《洛阳考古》2018年第2期。

图三八九　青釉瓷权

图三九〇　酱绿釉瓷权

三、类哥釉器

类哥釉器主要发现于澄迈县的美杨窑址和深涌岭窑址，器形仅见青釉器盖和青釉碗。美杨窑址烧造有大量的青釉碗，"开片"现象较为常见，大部分器壁的冰裂纹并不明显，应是釉层厚薄不匀和窑内"气氛"差异导致。从美杨窑北 b：3（图三九一）青釉碗来看，冰裂纹则更像是有意为之，尤其是纹路之间的"金丝"极为明显，与哥釉瓷器别无二致。青釉器盖在美杨窑和山根窑址都发现，其中仅美杨窑：135（图三九二）有细碎有致的开片，山根窑：1（图三九三）未发现开片。

图三九一　美杨窑北 b：3

图三九二　美杨窑：135

图三九三　山根窑：1

四、鱼形器

鱼形器发现于黄桐岭西窑。关于鱼形器的用途问题，曲轶莉先生认为"从贝加尔湖沿岸新石器时代晚期开始出现的鱼形器，是在冬季冰窟窿捕鱼时使用的一种诱鱼器，既是钩坠，又是诱饵"[1]。与黄桐岭窑址采集的陶质鱼形器不同，贝加尔湖沿岸新石器时代晚期开始出现的鱼形器主要为石质、骨质和蚌质。黄桐岭窑址陶制鱼形器造型上略圆，接近于鲳鱼造型，与一般的做"钩坠"和"诱饵"的较长的鱼形器造型似有不同。在很多的古代工艺品中，不少关于鱼的造型只是为了暗合中国传统文化中的吉祥寓意，如金榜题名、多子多孙、婚姻美满和喜庆富足等[2]，不一定要具备实用性。但从黄桐岭窑址西窑采集的这件鱼形器（图三九四）为实用器的可能性很大，主要原因是其鱼鳞在整个鱼的造型中是主要表现对象，且直立鱼鳞的硬度很高，整个陶片仅有一面有纹，另一素面可平行放置，由此推测可能为炊

[1] 曲轶莉：《东北亚古代鱼形器研究》，《北方文物》2008年第3期。
[2] 居晴磊：《鱼形纹饰与中国传统文化》，《苏州大学学报（工科版）》2003年6月第23卷第6期。

食器，类似现在的带鱼鳞状擦刀的铁质擦丝器，可将部分蔬菜擦成丝状。这样一个面板工具既美观又实用，反映了窑工的独具匠心。

在美杨窑址发现的一件刮削器（图三九五）与鱼形器的形制和用途类似，正面也有鳞状的擦刀，另一素面可平行放置，在有鱼鳞的一面施酱釉。从未损坏的边缘来看，造型极为规整，推测为方形倭角的器物。

图三九四　黄桐岭西窑：5　　　　　　　　　图三九五　美杨窑⑥：15

五、带领罐

带领罐是海南岛诸窑址中最为常见的器形之一，在汪洋窑址（图三九六）、瓦灶墩窑（图三九七、图三九八）、碗灶墩窑（图三九九）、福安窑（图四〇〇）、美杨窑（图四〇一）、三曲沟窑（图四〇二、图四〇三、图四〇四）、大坡村窑（图四〇五）、古楼村窑（图四〇六、图四〇七）、五尧村窑（图四〇八、图四〇九、图四一〇、图四一一）、昌南村窑（图四一二、图四一三）、窑上村窑（图四一四、图四一五、图四一六、图四一七）、碗窑村窑（图四一八）和高山窑（图四一九）中都有发现。带领罐既有青釉、酱绿釉瓷器，也有酱釉陶器，另有不少未烧熟的罐类。尤其是三曲沟窑址，从附近散落的陶瓷片来看，带领的大罐是该窑烧造的主要产品，结合村民家中的器物来看，很多大罐高近1米。瓦灶墩窑和碗窑村窑的大罐较三曲沟窑小，但基本都为瓷胎，烧造质量明显更高。

图三九六　汪洋窑：5　　　　图三九七　瓦灶墩窑：4　　　　图三九八　瓦灶墩窑：2

图三九九　碗灶墩窑：9　　　　图四〇〇　福安窑：36　　　　图四〇一　美杨窑②：26

图四〇二　三曲沟窑：1　　　　　图四〇三　三曲沟窑：3　　　　　图四〇四　三曲沟窑：2

图四〇五　大坡村窑：6　　　　　图四〇六　古楼村窑：3　　　　　图四〇七　古楼村窑：4

图四〇八　五尧村窑：3　　　　　图四〇九　五尧村窑：4　　　　　图四一〇　五尧村窑：5

图四一一　五尧村窑：6　　　　　图四一二　昌南村窑：3　　　　　图四一三　昌南村窑：4

图四一四　窑上村窑：12　　　　　图四一五　窑上村窑：13　　　　　图四一六　窑上村窑：14

图四一七　窑上村窑：15　　　　图四一八　碗窑村窑：4　　　　图四一九　高山窑：6

六、急须和急销

急须主要在美杨窑址有发现。（图四二〇）明代陆容在《菽园杂记》卷八中有记："急须，饮器也，以其应急而用，故名。"[1]急须是用一种煮茶用的茶器。海南岛的急须呈矮梨形，鼓腹，平底，上腹部一侧有中空的近圆柱形的柄，腹部置流，底部有四个锥形小足。从形制上看，壶流比较高，基本与口部持平，以防止茶水溢出，而直柄往上伸出，内部中空，插入不容易吸热的木棒后，可以防止烫手。

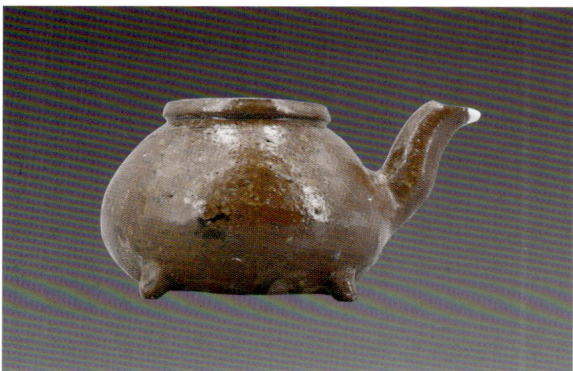

图四二〇　美杨窑急须

急销在上灶村窑（图四二一）、山根窑（图四二二）和窑上村窑（图四二三）中都有发现，形制上没有急须的流，腹部比急须圆鼓，平底。上灶村窑的急销口部与美杨窑急须类似，山根窑和窑上村窑急销则口部更高。急销可能是急须在生活需要中的变种，"在闽南和台湾，人们习惯称药锅为'急销'"[2]，这种称呼在海南岛也较为流行。

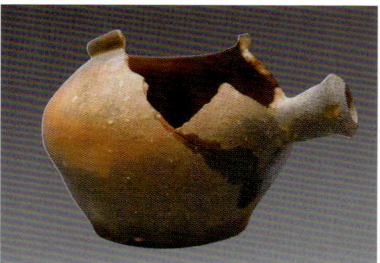

图四二一　上灶村窑急销　　　　图四二二　山根窑急销　　　　四二三　窑上村窑急销

---

① 陆容：《菽园杂记》，中华书局，1985，第99页。
② 林长华：《两岸"急销"话古今》，《福建史志》2017年05期。

七、烟斗

福安窑出土的烟斗锅应是组合型器物，陶制烟斗锅与其他材质的柄嘴配合使用。该烟斗锅整体呈中部鼓起的柱体，侧面开一圆孔，顶部有斗笠状开孔，与一侧开孔相通，胎质细腻坚致，顶径 2 厘米，腹径 2.6 厘米，底径 1.8 厘米，高 2.3 厘米，上孔 1.6 厘米，侧孔 0.8 厘米（图四二四）。烟斗的出土相对较少，在广西合浦出土的三件瓷烟斗[1]中，根据器形的描述，Ⅲ式造型呈圆斗形，灰白胎，内外无釉，高 2.5 厘米，斗径 2 厘米，与福安窑的瓷烟斗形制、大小以及素面的特征基本一致。（图四二五）

图四二四　福安窑瓷烟斗

图四二五　广西合浦上窑出土明代瓷烟斗

关于烟草传入中国的时间，一说根据《本草纲目拾遗》中转引方以智《物理小识》中记录的"烟草明万历末年有携至漳泉者，马氏造之，曰淡肉果。渐传至九边，皆含长管而火点吞之，有醉仆者。崇祯时严禁之，不止"[2]，认为是明万历年间传入。另一说是郑超雄先生根据广西合浦县一座明代龙窑遗址的发现的 3 件瓷烟斗和压槌，以及压槌背后所刻的"嘉靖二十八年四月二十四日造"，认为烟草应该早于明万历年间，是在明正德至嘉靖二十八年间（1506—1549 年）从广西率先传入我国[3]。吴启纲先生在相关论述中还提到烟草于明嘉靖二十八年到嘉靖三十七年（1549—1558 年）之间传入中国[4]。整体上来看，烟草应在明晚期才开始在中国传播，烟斗作为烟草的使用工具，其使用年代与烟草传入的时间应大体一致。

根据蒋慕东等先生的研究，"康熙年间及其之前有明确烟草种植记载的省份有：广东（含海南）、广西、福建、辽宁、浙江、江苏（含上海）、江西、安徽、山东、河南、河北（含北京、天津）、陕西、山西、云南、湖南、台湾十五省"[5]，即在清朝初年海南就已有烟草的种植，此时烟斗在福安窑烧造也是符合实际的，这也可以为福安窑为清代窑址的观点提供佐证。

八、象棋子

象棋子在大坡村窑（图四二六）和福安窑都有发现，大坡村窑发现的是圆饼形的象棋

---

① 郑超雄：《从广西合浦明代窑址内发现瓷烟斗谈及烟草传入我国的时间问题》，《农业考古》1986 年第 2 期。
② 赵学敏：《本草纲目拾遗》，中国中医药出版社，1998。
③ 郑超雄：《从广西合浦明代窑址内发现瓷烟斗谈及烟草传入我国的时间问题》，《农业考古》1986 年第 2 期。
④ 吴启纲：《明清时期烟草在中国快速传播的外在历史动因》，《学习月刊》，2010 年第 14 期。
⑤ 蒋慕东等：《烟草在中国的传播及其影响》，《中国农史》，2006 年第 2 期。

子，正反两面各有一刻写的楷书"士"字，字体规整，应是实用的象棋子，素胎，胎色较白，接近瓷胎，直径约 2.5 厘米，高约 0.7 厘米。福安窑的棋子资料尚未发表，经向发掘者郝思德先生确认，也为圆饼形的象棋子。

值得注意的是，大坡村的象棋子的"士"字，楷书娟秀，似有一定书法功底的人所写。一般认为在宋代象棋基本定型，考古资料也证明了这一点：洛阳市文物工作队配合河南省第三建筑工程公司第 67 号住宅楼的基建工程，在其中一处宋代墓地中发现了一座随葬有一套完整象棋子的墓葬（M5692）[1]（图四二七）。从墓中出土的铜钱看，年代较早的为唐开元通宝和北宋初年的淳化元宝，最晚的为北宋徽宗崇宁年间铸行的崇宁重宝。根据晚期器物的年代，该墓年代应在北宋末年左右。在河南省鹤壁集瓷窑遗址发现过三枚瓷质象棋子，分别为"象"（图四二八）、"马"、"卒"[2]，年代为北宋晚期。安徽省凤台连城遗址只发现一枚"将"[3]，年代为南宋。另国家博物馆还馆藏有四副铜质象棋，也为宋代（图四二九）。其中洛阳西工区出土的这副北宋末年的象棋，与中国现行的象棋棋子数量相同，都为 32 枚，种类亦相同，可以认定象棋至迟在北宋末年就已经定型。

图四二六　大坡村窑：20

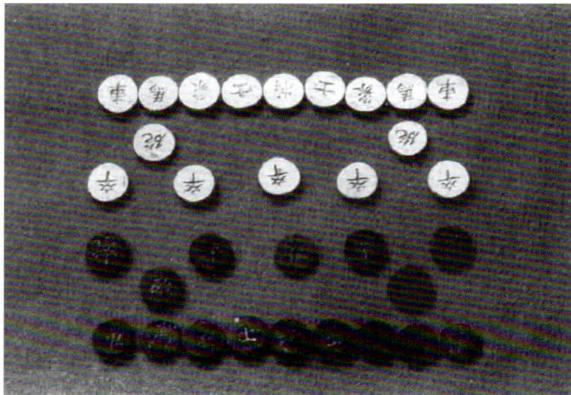

图四二七　洛阳市西工区 6592 号北宋墓出土象棋子[4]

图四二八　河南省鹤壁集瓷窑遗址出土象棋子[5]

图四二九　国家博物馆藏宋代铜质象棋[6]

① 河南省文化局文物工作队：《河南省鹤壁集瓷窑场发掘简报》，《文物》1964 年第 8 期。
② 洛阳市文物工作队：《洛阳市西工区 6592 号北宋墓》，《中原文物》2002 年第 3 期。
③ 张如安：《南宋象棋子出土记》，《象棋报》，1993 年 1 月 18 日。
④ 洛阳市文物工作队：《洛阳市西工区 6592 号北宋墓》，《中原文物》2002 年第 3 期。
⑤ 河南省文化局文物工作队：《河南省鹤壁集瓷窑场发掘简报》，《文物》1964 年第 8 期。
⑥ 杨桂荣：《馆藏宋代铜质象棋》，《中国历史博物馆馆刊》1989 年第 0 期。

福安窑的象棋子虽无具体资料发表，但根据原有的研究，福安窑一般认为是清代遗址，棋子的年代应与之大体一致。大坡村窑瓷棋子从形态上看，应属于比较成熟阶段的象棋，推测年代在宋代以后，其年代应与窑址一致，但窑址年代尚无定论，这在后文中会讨论。

第三节　装饰手法

一、釉下彩瓷器

海南岛的釉下彩主要是青釉瓷器的装饰，从采集和馆藏的资料看，有釉下蓝彩（绿彩）和釉下褐彩两种，其中釉下蓝彩（绿彩）原认为是青花，在深涌岭窑址、福安窑址（图四三〇）、美杨窑址（图四三一）、碗窑村窑址都有发现；釉下褐彩在瓦灶墩窑址（图四三二）有发现，在三曲沟窑址附近新民村的村民家中亦发现从窑址采集的釉下褐彩瓷片，仅见此两例。

从釉下彩的纹饰来看，主要以花卉纹为主，尤其以团花纹最富特色。其中美杨窑和福安窑的团花纹釉下蓝彩（绿彩）从胎釉等来判断，应为本窑址烧造；三曲沟窑的釉下蓝彩（绿彩）（图四三三）不是本窑址烧造，但与福安窑、美杨窑的胎釉和纹饰基本一致，应为本地窑口烧造；什吾窑的团花纹釉下蓝彩的碗底（图四三四）比较特殊，蓝彩发色柔和，尚未做检测，笔者从其胎釉等推测，可能为福建青花。

另有大坡村窑饼足碗（图四三五）施带有深蓝彩色块的酱釉，看似釉下蓝彩，但从其他部分酱釉和蓝釉相间的情况看，应还是配釉不均匀导致，并不是有意识地做出的釉下彩绘。

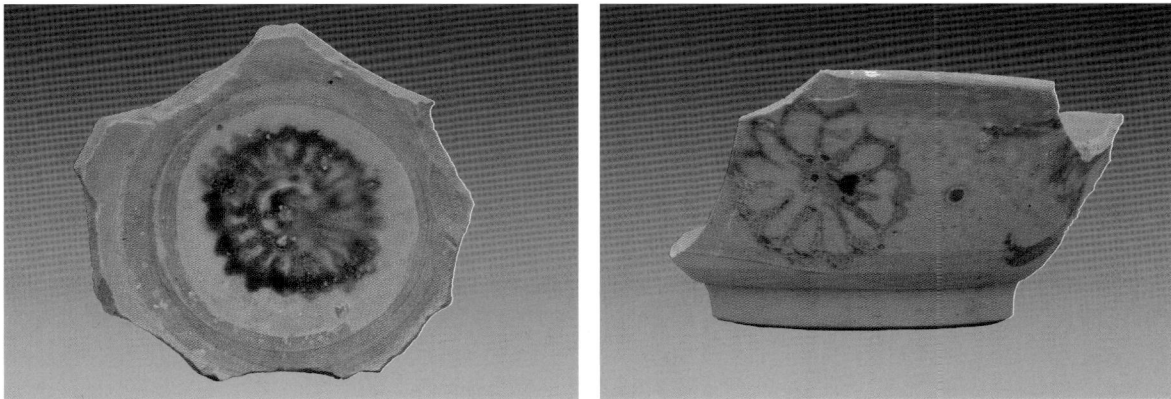

图四三〇　福安窑釉下绿彩团花纹

图四三一　美杨村窑团花纹

图四三二　瓦灶墩窑釉下褐彩碗底

图四三三　三曲沟窑采集的
釉下蓝彩碗底

图四三四　什吾窑采集的
釉下蓝彩碗底

图四三五　大坡村窑：22

二、其他彩绘陶器和刻划纹饰

从彩绘陶器来看，颜色有黄、白、砖红、褐彩等，纹饰有弦纹、波浪纹、三角纹等，其中什吾窑：7、窑上村窑：3 和高山窑：6 应是比较明显的釉下或者釉中彩；刻划纹饰主要见于带釉陶器的装饰，有弦纹、波浪纹、篦纹、三角纹等。（图四三六至四五〇）

图四三六　昌南村窑：9

图四三七　昌南村窑：10

图四三八　大坡村窑：23

图四三九　高山窑：18

图四四〇　什吾窑：7

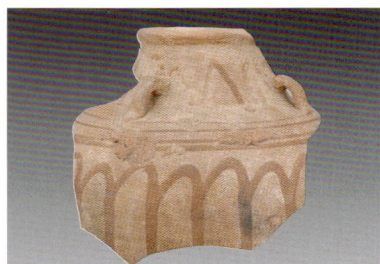

图四四一　碗灶墩窑：9

图四四二　五尧村窑：11　　　图四四三　窑上村窑：3　　　图四四匹　窑上村窑：6

图四四五　福安窑：39　　　图四四六　旧县村窑：2　　　图四四七　碗窑村窑：30

图四四八　窑上村窑：5　　　图四四九　窑上村窑：11　　　图四五〇　高山窑：6

三、文字

陶瓷器上的文字既是一种装饰，同时也有特定的含义。海南岛古陶瓷上的文字主要有刻铭、墨书、彩书、模印四种形式。

（一）刻铭

海南岛陶瓷器上的刻铭一般是在坯体上刻好，然后入窑烧造。如大坡村窑饼足碗底部刻有楷书"正"字（图四五一），三亚博物馆在儒学堂窑采集的"吉"字款长方形城砖（图四五二）和大坡村窑发现的刻写楷书"土"字的瓷棋子（图四五三）。

另有一件新民村村民采集的带有纪年款的壶形器，表面釉色发白，未烧熟，釉上刻有"众人所用，丁丑年四月十八，不得灭"的繁体字，周边还有一些花形的刻划纹饰。（图四五四）从文字和纹饰等来推测，这可能是与祭祀相关的器物。

图四五一　大坡村窑"正"字宽碗底

图四五二　儒学堂窑"吉"字款城砖

图四五三　大坡村窑"士"字棋子

图四五四　三曲沟窑壶形器

（二）墨书

窑上村窑发现的瓷碗底部，从右到左墨书有"定有"二字。（图四五五）由于是横排写法，仅有两字，读作"定有"还是"有定"有待商榷。按照民国以前习惯读法，读作"定有"的可能性更大，从字面来看可能有"期望获得"的意思或瓷碗为定制产品。

（三）彩书

彩书见于三曲沟窑"福"字款釉下褐彩的盘底（图四五六）、大坡村窑"福"字款碗底（图四五七）和深涌岭窑"寿"字青釉釉下彩杯（图四五八）。从外观来看，这三个字都为釉下彩书，无论三曲沟窑和大坡村窑的"福"字还是深涌岭窑的"寿"字都有一定的书法功底，字体近于行草，"福"和"寿"字属于常见的吉祥文字。

（四）模印

模印器物仅见碗窑村窑：8 的鋬，为器身一侧把手，模印有楷书"流"字，"流"字左侧上部少一点，字体规整，应是刻好字后在坯体上印制。（图四五九）

图四五五　窑上村窑：20

图四五六　三曲沟窑"福"字款盘底

图四五七　大坡村窑"福"字款碗底

图四五八　深涌岭窑：35

图四五九　碗窑村窑：8

四、贴塑

贴塑的装饰有蛙纹和其他动物纹等，在碗窑村窑（图四六〇）和福安窑（图四六一）中都发现有贴塑蛙纹的罐类残片。笔者在民间收藏的海南岛古陶瓷中发现有螃蟹等水族动物纹饰。蛙纹在海南岛古代器物中较为常见，在海南的历史渊源可以追溯至汉代的铜鼓[①]，也常见于海南黎族的衣服纹样（图四六二）和器物上。海南岛是热带季风气候，蛙是生活中很常见的动物，雨季来临的时候，"对雷雨反应灵敏的青蛙视为季节和水旱的先知"[②]，同时蛙由于产卵数量多，也常被作为生殖崇拜的对象。

图四六〇　碗窑村窑的蛙纹

图四六一　福安窑蛙纹贴塑

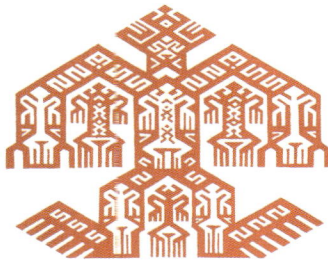

图四六二　黎锦上的蛙纹[③]

第四节　窑具

一、垫饼

在深涌岭窑（图四六三）、福安窑（图四六四）、碗窑村窑（图四六五）和美杨窑（图四六六）都有发现，一般为圆饼形，白或黄白胎，胎质细腻，接近瓷胎，另有一美杨窑圆饼形垫饼一面有内凹的圆坑（图四六七）。

[①]曹量：《海南古代铜鼓初论》，海南师范大学学报(人文社会科学版)，2016年7月第34卷第4期。

[②]刘雨玲：《中国南方蛙纹研究——以广西壮族和海南黎族纹中心》，华南理工大学硕士学位论文，华南理工大学，2018，第31页。

[③]陈玉林：《五彩霓裳·民族瑰宝——海南黎族织锦·服饰精品》，保亭黎族苗族自治县民族博物馆印制，2018。

图四六三　深涌岭窑：27

图四六四　福安窑：29

图四六五　碗窑村窑：28

图四六六　美杨窑④：15

图四六七　美杨窑：136

二、垫环（圈）

垫环根据形制差异，可分为两种。

一是在山根窑（图四六八、图四六九）、美杨窑（图四七〇）和什吾窑（图四七一）发现的垫环。这类垫环一般为圆环形，从残件来看可能有些一面为实心，一般为黄胎和红白胎，胎质坚致，接近瓷胎。

图四六八　山根窑：2

图四六九　山根窑：7

图四七〇　美杨窑⑥：21

图四七一　什吾窑：4

图四七二　三曲沟窑：10

图四七三　古楼村窑：6

二是在三曲沟窑（图四七二）和古楼窑址（图四七三）发现的垫环。这类垫环一般为圆环形，从残件来看可能一面为实心，较第一种垫环略高，胎质也更白，接近瓷胎，器壁有明显的手指痕迹。

三、窑撑

在美杨窑（图四七四）和昌南村窑（图四七五）发现的窑撑呈手捏的不规则柱形，上下两面有不平行的平面，有明显的手捏痕。

图四七四　昌南村窑：8

图四七五　美杨窑⑥：23

四、垫座

在五尧村窑（图四七六）、大坡村窑（图四七七）和汪洋窑（图四七八）都有发现垫座。垫座一般上部为一饼形或圆环形平面，下部有中空的高圈足，应为较为大型器物的垫具。另在窑上村发现一圆柱形垫座（图四七九），从器来看，一面为圆形平面，一面中空，上下基本平行，整体微束腰。

图四七六　五尧村窑：8

图四七七　大坡村窑：19

图四七八　汪洋窑址：3

图四七九　窑上村窑：8

图四八〇　深涌岭窑：20

五、垫片

仅在深涌岭窑有发现垫片，为近圆形薄饼状，一面有明显的圈足压到的痕迹，可能为圈足器物之间的间隔具。（图四八〇）

六、垫钵

垫钵可根据形制分为两种。

一是在楼窑发现的垫钵，留存较小，敞口，平沿，弧腹，灰胎，砖红色陶衣，胎质较粗，从口部辨认为钵形，与福安窑发掘的垫钵相似。（图四八一）

二是在福安窑发现的垫钵，直口，斜直腹，下部折收至底，平底，黄白胎，胎质坚致细腻，瓷胎，有较为明显的旋坯痕。（图四八二）

图四八一　古楼窑：1　　　　　　　　　　　　图四八二　福安窑：33

第五节　烧造方式

从美杨窑（图四八三、图四八四）、深涌岭窑（图四八五）、窑上村窑（图四八六）、福安窑（图四八七）、大坡村窑、旧县村窑等窑的器物来看，主要是叠烧。美杨窑、深涌岭窑和福安窑的青釉、青釉釉下彩和酱绿釉瓷器的叠烧，碗或盘心一般有较为规整的涩圈，或者碗心无釉，不少还涂有似酱釉的褐彩斑块，器物之间未发现明显的防止粘接的间隔材料。福安窑：35的酱釉碗下部粘接圆形垫饼，虽然酱釉碗施釉及底，圈足外壁有釉，但碗的圈足和垫饼之间也未见有防止粘连的间隔料。美杨窑和福安窑部分大罐的标本肩部一周可见明显的砂质痕迹（图四八八、图四八九），应是防止与周边器物粘接的间隔材料。

窑上村窑、坡村窑和旧县村窑的碗类器物为防止粘接，叠烧器物之间放置有几个小砂块作为间隔具，如大坡村窑（图四九〇）、旧县村窑（图四九一）碗类器物的碗心都还保留有三五块砂块痕迹，窑上村窑的碗类器物更是在碗心放置了接近一圈的砂块。

除叠烧以外，还存在有套烧的现象，如美杨窑②：32为酱绿釉壶和青釉碗一起套烧（图四九二）：青釉釉下彩碗的碗心粘接着酱釉壶的底部。从这些套烧的标本可明显看出，青釉、青釉釉下彩和酱绿釉瓷器应属于同一时代。

图四八三　美杨窑：101

图四八四　美杨窑：9

图四八五　深涌岭窑：26

图四八六　窑上村窑：2

图四八七　福安窑：47

图四八八　美杨窑⑤：1

图四八九　褊安窑：36

图四九〇　大坡村窑：2

图四九一　旧县村窑：7

图四九二　美杨窑②：32

　　整体来看海南岛的窑具和烧造方式，其陶、瓷坯的烧造没有采用匣钵，烧成后有些器物粘有明显的窑渣；下部的垫具以垫饼居多，另有较高的支烧具垫撑和砂质的窑撑；叠烧时用简单的砂质间隔具或依靠涩圈；砂质间隔具较为粗糙，窑内器物粘接的现象极为普遍，不仅有同类器物的粘接，琢器和圆器也有套在一起烧造以致粘接的现象。

第四章　相关问题探讨

第一节　窑业技术来源

从地理位置来看，海南岛距离广东省的雷州半岛最近。历史上，海南岛大部分时间也归属广东地区的行政机构管辖，所以海南岛的窑业发展在地缘上似乎应受广东地区的影响比较大，但从《历代过琼公传》①、《海南移民史志》②等著作中可以看到，海南的移民大部分来自福建。范成大在《桂海虞衡志·黎》写道："闽商值风，水荡去其货，多入黎地，耕种不归。"③南宋周去非在《岭外代答·海外黎蛮》中记有："熟黎多湖广、福建之奸民也。"④福建移民在海南岛的人口中占有相当大的比重是不争的事实。宋代海外贸易的发展使得闽商因各种原因进入海南岛，成为"熟黎"的一部分。原有对海南岛陶瓷器的研究中，也一致认同海南岛的窑业技术受福建影响较大，一个重要依据是已发掘的福安窑为龙窑体系中的横式阶级窑，这和福建地区龙窑的形制类似。郝思德先生的观点最具代表性，认为从福安窑为横式阶级窑和海南岛移民很多来自福建的角度，可判断海南窑业技术来源于福建⑤。

单就窑具、生产器物、窑业技术和装饰工艺上来说，尚未有学者做过对比研究，但从现有的海南岛调查资料来看，在窑具使用和器物造型、纹饰等多个方面，福建地区与海南岛的古窑址都有相似之处，所以说海南岛窑业技术受到福建影响较大的观点是有科学依据的。福建地区的考古调查中，武夷山地区的窑址调查是相对比较成体系的，《武夷山古窑址》一书涵盖了商周至民国福建武夷山地区的窑址发现，其中由晚唐五代至清末民国的古窑址中可以找到与海南岛古窑址的多处共同点⑥。

一、窑具

海南岛古窑址的窑具与福建武夷山地区的古窑址的窑具在垫饼和垫座的形制上有较强

---

①王俞春：《历代过琼公传》，中国国际广播出版社，1993。
②王俞春：《海南移民史志》，中国文联出版社，2003。
③范成大：《桂海虞衡志》，《历代笔记中的海南》，海南出版社，2012，第40页。
④周去非：《岭外代答》，《历代笔记中的海南》，海南出版社，2012，第18页。
⑤郝思德：《澄迈福安清代窑址考古发掘的主要收获》，《澄迈历史文化图录》，南方出版社 2007，第36—37页。
⑥中国国家博物馆水下考古研究中心、福建博物院文物考古研究所、武夷山市博物馆：《武夷山古窑址》，科学出版社，2015。

的一致性。

（一）垫座

从形制上看，五尧村窑的垫座（图四九三）和福建五渡桥窑的垫座（图四九四）整体类似，平顶微内凹，喇叭形圈足，都是素胎。不过五尧村垫座的形体更大，顶径约 24 厘米、高约 9.3 厘米，五渡桥窑垫座的顶径仅有 8.6 厘米、高约 6.4 厘米。胎质上，福建地区的窑址多见灰黑胎，比海南岛的更为坚致。

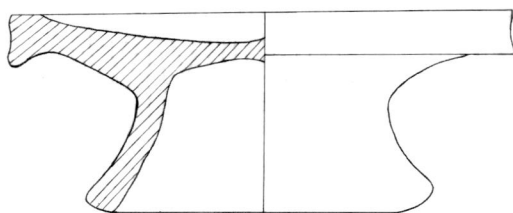

图四九三　五尧村窑垫座　　　　　　　　　图四九四　福建五渡桥窑垫座[1]

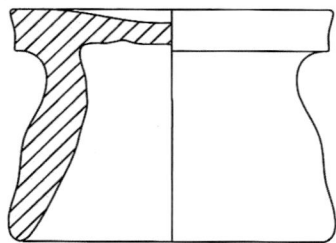

（二）垫饼

海南岛古窑址的垫饼（图四九五）都为圆饼形，多白胎，胎体坚致，这与福建牛滩山窑的垫饼（图四九六）形制基本一致，只是福建古窑址的垫饼下半部一般都内收，海南岛古窑址的垫饼都是比较规整的圆饼状，上下一致。

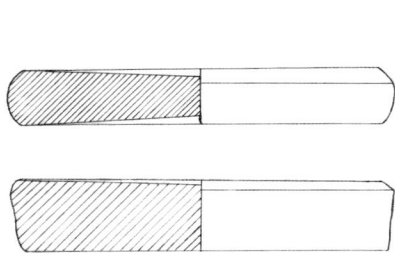

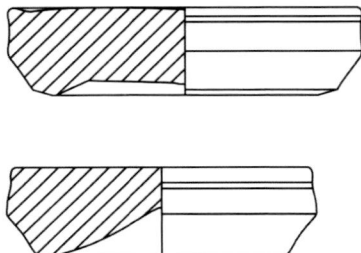

图四九五　美杨窑垫饼　　　　　　　　　图四九六　福建牛滩山窑垫饼[2]

二、器物形制

（一）器盖

山根窑（图四九七）和美杨窑的青釉器盖和福建回瑶窑的青花器盖（图四九八）形制基本一致，除回瑶窑的器盖弧度比山根窑略大外，其他基本相同，都为整体圆形，上部有一圆饼形捉手，捉手上顶部内凹，下部逐渐内收与盖面相接。

---

[1] 中国国家博物馆水下考古研究中心、福建博物院文物考古研究所、武夷山市博物馆：《武夷山古窑址》，科学出版社，2015，第175页。

[2] 中国国家博物馆水下考古研究中心、福建博物院文物考古研究所、武夷山市博物馆：《武夷山古窑址》，科学出版社，2015，第248页。

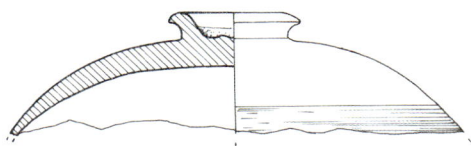

图四九七　山根窑址青釉器盖　　　　　　　图四九八　福建回瑶窑青花器盖[1]

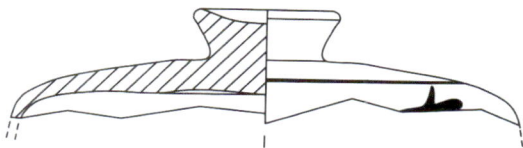

（二）圈足碗

　　无论是福建古窑址还是海南古窑址，碗类器物都是烧造的大宗。上文已述，海南岛古窑址的青釉、青釉釉下彩和酱绿釉瓷器的烧造方式与福建古窑址清代至民国时期的青白釉、青花、酱釉等瓷器一致。烧造方式的一致在一定程度上导致了其形制的相似。碗类器物一般都是大圈足，修足规整，有明显的拉坯痕和修足痕迹，碗心有涩圈或无釉，蹈足底部大部分无釉。以美杨窑的青黄釉碗（图四九九）和福建井后陇窑的青黄釉碗（图五〇〇）为例，它们外观上几近一样，敞口，浅弧腹近直，大圈足，外壁施青黄釉，施釉不及底，连器壁的拉坯痕迹都具有一致性。

图四九九　美杨窑青黄釉碗　　　　　　　　图五〇〇　福建井后陇窑青黄釉碗[2]

（三）饼足碗

　　海南岛的饼足碗以旧县村窑发现的烧造得最好，弧腹，饼足，足面内凹，灰白胎，胎质细腻，碗内心施釉，这与福建武夷山地区晚唐五代时期的饼足碗极为相似。以福建苦竹坬窑的饼足碗为例，也是弧腹，饼足，足面内凹，灰胎，胎质细腻，碗内心施釉。同时旧县村窑青黄釉饼足碗（图五〇一）还留有明显垫烧痕迹，福建苦竹坬窑饼足碗（图五〇二）碗心有

图五〇一　旧县村窑青黄釉饼足碗

　　[1]中国国家博物馆水下考古研究中心、福建博物院文物考古研究所、武夷山市博物馆：《武夷山古窑址》，科学出版社，2015，第228页
　　[2]中国国家博物馆水下考古研究中心、福建博物院文物考古研究所、武夷山市博物馆：《武夷山古窑址》，科学出版社，2015，第213页

图五〇二　福建苦竹垅窑饼足碗[1]

四处支钉痕迹。

（四）执壶

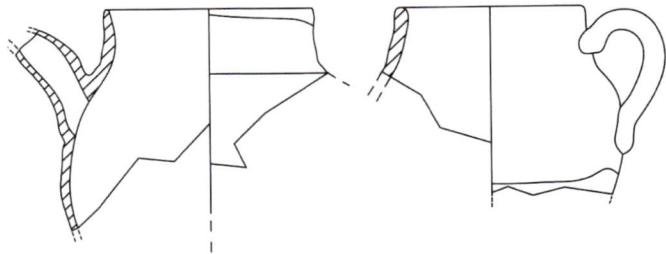

　　窑上村窑执壶（图五〇三）与福建五渡桥窑的执壶（图五〇四）造型上也大体相同，形体较小，肩部都附有扁条形的柄，外壁施釉，内壁不施釉。

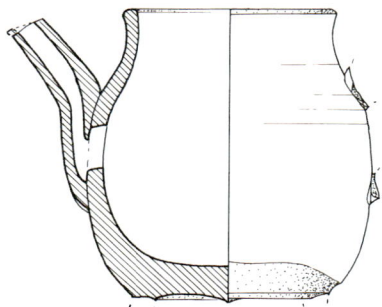

图五〇三　窑上村窑执壶　　　　　　图五〇四　福建五渡桥窑执壶[2]

三、窑业技术和装饰工艺

（一）器物成形工艺

　　海南岛古窑址与福建武夷山古窑址一样，器物成形主要采用轮制工艺，圈足的制作一般极为规整，足端有明显的修足痕，中心处一般都有乳突。

（二）施釉和装饰方法

　　从釉色上看，海南岛古窑址的釉色有青釉、酱绿釉、酱釉、青黄釉等，福建武夷山古窑址以青白釉、酱黑釉、青黄釉等多见，两者绝大部分器物都是一种釉色，极少发现有其他釉色混合使用的。两者在施釉方法上也是以浸釉为主，大型器物使用刷釉。

　　福建武夷山古窑址的釉下彩是青花瓷，海南古窑址的釉下彩根据现有的研究来看应是铁元素致色，但器形都是以碗、盘类居多，青花图案以写意为主，大部分都是花卉图案，呈色

　　①中国国家博物馆水下考古研究中心、福建博物院文物考古研究所、武夷山市博物馆:《武夷山古窑址》,科学出版社,2015,第86页。

　　②中国国家博物馆水下考古研究中心、福建博物院文物考古研究所、武夷山市博物馆:《武夷山古窑址》,科学出版社,2015,第165、160页。

上都比较暗淡。

（三）装烧工艺

同海南岛古窑址的青釉、青釉釉下彩和酱绿釉瓷器一样，福建武夷山古窑址清代至民国时期的青白釉、青花、酱釉等瓷器也使用叠烧，碗或盘心一般有较为规整的涩圈，或者碗心无釉。（图五〇五、五〇六）海南岛器物都是明火裸烧，未见匣钵的使用，有些器物下部有垫座，福建武夷山古窑址也主要以明火裸烧为主。

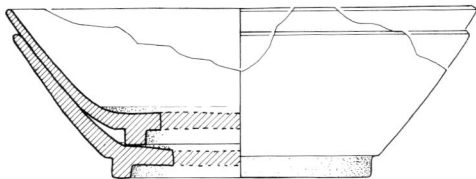

图五〇五　深涌岭窑叠烧青釉碗　　　　图五〇六　福建井后陇窑址叠烧青花瓷[1]

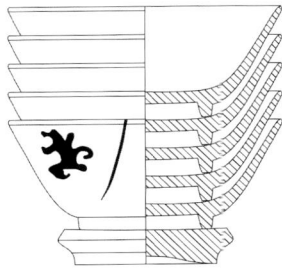

从海南岛古窑址与福建武夷山古窑址的对比来看，两者无论是在窑具、窑业技术、装饰工艺，还是在器物上都具有较多的相似之处，再结合文献有关福建移民的大量记载，海南岛的窑业技术来自福建的观点是比较符合实际的。

第二节　窑系分布

涂高潮先生在《海南古陶瓷》一书中将海南岛古代陶瓷窑址分为三个主要窑系，即以乐东黄流为中心的黄流窑系、以定安琼海为中心的定安窑系和澄迈山口太平为中心的澄迈窑系[2]。笔者认为先分析主要窑址的形制和陶瓷器的类别，再通过类比的方式将它们分为不同窑系是有一定依据的。不过以地区来划分窑系也是存在一定问题的，因为同一地区的窑址，有的存在器物的一致性，有些则差距很大，也就是说同一地区的窑址可能属于不同的窑系，因此可选取比较有代表性的窑址作为窑系的分类名称，从而避免这一问题。需要提出的是有些窑址的烧造具有延续性和自身特色，而这里的窑系是指以某些共同的典型器和窑具为依据，从而确定为同一窑系的窑址，所以同一窑址可能属于不同窑系。还有部分古窑址本身特征明显，与其他窑差异较大，原有研究中强行将其归入某一窑系是过于武断的。

从现有的材料来看，根据器物类别分析器物的形貌（表一六），海南岛古窑址至少有3个窑系是比较明确的。澄迈县福安窑址是唯一经过考古发掘的古窑址，出土器物以青釉和酱

---

①中国国家博物馆水下考古研究中心、福建博物院文物考古研究所、武夷山市博物馆：《武夷山古窑址》，科学出版社，2015，第207页。

②涂高潮：《海南古陶瓷》，海南出版社、南方出版社，2008，第118页。

绿釉瓷器为主，另有一些带釉陶器，海南岛有几处窑址都与其有较高的共性，可以称它们为福安窑系。东方市窑上村窑址保存较为完整，窑址堆积层较厚，器物种类也相对较多，与之相似的几处窑址称作窑上村窑系比较合适。乐东黎族自治县的三曲沟窑址现存窑址面积最大，龙窑体量也居全岛之冠，以烧造带釉陶器为主，酱黄釉居多，乐东黎族自治县的丹村窑址、田头村窑址与三曲沟窑址都相距不远，虽然在调查中未发现遗迹，但从原有的记录来看，推测烧造器物与三曲沟窑一致，可称作三曲沟窑系。

表一六　海南岛的窑系分布

窑系	窑址	典型器物	备注
福安窑系	福安窑	青釉碗等	五处窑址都发现有青釉瓷器的烧造，其中深涌岭窑仅见青釉瓷器；福安窑、碗窑村窑和美杨窑另有酱绿釉瓷器和酱釉陶器，碗窑村窑以酱绿釉瓷器为主流；山根窑址的青釉瓷器相对较少，未见青釉釉下彩器，另有大量的带釉陶器，器形上与其他几处窑址有所差异，与窑上村窑系部分器物有相似之处。
	碗窑村窑		
	美杨窑		
	深涌岭窑		
	山根窑		
	碗灶山窑		
窑上村窑系	窑上村窑	饼足陶碗、带领罐等	五处窑址的罐类器物多见彩绘装饰。窑上村窑址还发现有青釉碗底，但与福安窑系的有所不同。
	礼都窑		
	五尧村窑		
	昌南窑		
	上灶窑		
三曲沟窑系	三曲沟窑	高领罐	器物造型相对较大，多使用刻划等装饰手法。
	田头村窑		
	丹村窑		

第三节　窑址年代

　　海南岛古窑址自身的特点决定了其陶瓷器的品种与大陆相比有着较大差距。由于大部分窑址未进行过科学的考古发掘，同时不少窑址的使用可能存在延续性，所以年代的断定是海南古窑址的一个重大问题。西汉时期，大陆地区使用带釉陶器已较为普遍，并延续至近现代。海南带釉陶器的发展必然也经历了一个较长的历史时期，与确定年代的典型瓷器同时出土的带釉陶器，我们可以认定其年代，但大部分没有瓷器或其他年代标志物伴出的器物则无法定代。先前有关海南陶瓷器的著作中，对于大部分窑址似有定论，但就笔者实际的调查结果来看，很多窑址的年代并不准确。窑址的断代需要多方面的综合考虑，应有多重证据或至少有确切的一个证据予以证明，但尚未有著作中明确写出确定窑址年代的依据，这也是海南岛古窑址未来很长的一段时间内需要研究的重点工作。本书中会依据现有的考古发掘资料和实际调查资料，对每个窑址的年代做出自己的推论，但考古学是一个不断刷新我们认识的学科，新的考古资料甚至会出现推翻原有的学术观点，所以书中对于年代的推论也只是根据现有资料推出的暂定年代。

未见具体的文献记载海南岛的古窑址，仅见几处窑户的记录。诸多窑址中只有福安窑发现有一件"洪化通宝"的钱币，其他都未见明确纪年的标本。由于海南岛本地的窑业技术很大程度上来自福建，将其窑址特点、器物特征、窑具、装饰工艺和烧造方式等几个方面与福建地区的古窑址对比分析，是确定其年代的重要途径，同时在窑址内采集到的非本地窑址的瓷片在一定程度上也可以对窑址的年代予以佐证。有些窑址如福安窑系窑址与福建地区有较多的共同点，其年代的推断可以参考福建的古窑址，相对就比较简单。其他地域特点明显，又无旁证的窑址就难以断代，只能期待以后更多的考古发现予以解读。

值得注意的是，窑系是根据器物特征等来综合分析得出的结果，同一窑系同类器物在年代上可能具有一致性，但考虑到一些窑址的延续性，这种年代的确定是指某个时段该窑址在烧造，并不能确定为整个窑址发展的时间。

一、福安窑系

福安窑系的典型器物是青釉瓷器，且在调查中发现青釉瓷器和酱绿釉瓷器有粘接的现象，即两者是在同一窑炉内烧造，属于同时代的器物。福安窑系中仅有福安窑经过考古发掘，对福安窑系的断代最早是在1960年，广东文管会的曾广亿先生在对太平公社碗灶山窑址采集的标本进行整理时，通过对碗、盘、杯、瓶四种器物的造型、胎、釉和花纹等方面的研究，初步推断窑址年代为元[1]。

2002年5月至6月，海南省文物考古研究所对福安窑址试掘，根据其出土器物的造型、釉色和纹饰等特征，认为窑址年代当属元明清时期[2]。2004年，海南省文物考古研究所对福安窑址进行发掘，根据福安窑横式阶级龙窑以及与清代福建地区相似的特点，并结合窑址出土的清康熙年间大周国吴三桂之孙吴世璠时期的"洪化通宝"，判断福安窑址年代应是清代[3]。郝思德先生在《澄迈福安清代窑址考古发掘的主要收获》中也提出福安窑址应是清代的窑址，早期的考古调查根据采集瓷片定为元代的观点是有误的[4]。

美杨窑址的青釉釉下彩瓷器中还发现有一件折腹碗，这种折腹碗的造型以清代早期最为常见。以海口市博物馆的一件清早期青花龙纹折腹碗（图五〇七）的造型来看，与美杨窑②∶1(图五〇八) 大体一致，都为撇口，上腹部折腹，弧腹，圈足。从折腹碗的器形来看，福安窑年代为清代是符合其时代特征的。

从上文对古窑址技术来源的分析，可以看出福安窑的垫饼与福建牛滩山窑垫饼极为类似；山根窑的青釉器盖和福建回瑶窑青花器盖造型也基本一致；美杨窑青黄釉碗与福建井后

①曾广亿：《海南岛汀迈古瓷窑调查记》，《考古》1963年第6期。
②郝思德、王大新、王明忠：《澄迈县福安元明清窑址》，载中国考古学会编《中国考古学年鉴（2003）》，文物出版社，2004，第275—276页。
③郝思德、王大新：《澄迈县福安清代窑址》，载中国考古学会编《中国考古学年鉴（2006）》，文物出版社，2007，第338页。
④郝思德：《澄迈福安清代窑址考古发掘的主要收获》，蔡俐红主编《澄迈历史文化图录》，南方出版社，2007，第36—37页。

陇窑的青黄釉碗无论釉色还是器形都具有明显的相似性。福建牛滩山窑、福建回瑶窑和福建井后陇窑都是福建武夷山地区清代至民国时期的窑址，福安窑、山根窑和美杨窑都为福安窑系的窑址，再结合原有的研究，推断福安窑系的青釉、酱绿釉、青黄釉等瓷器所处年代为清代是比较合理的。

图五〇七　海口市博物馆藏清早期青花龙纹折腹碗

图五〇八　美杨窑②：1

二、三曲沟窑系

根据新民村的村志，新民村制陶可追溯至 300 多年前，詹氏祖先有富公在清代康熙年间从海南琼山县西塘都龙塘村迁至此地，娶妻黎氏，为新民村制陶先祖，并传播制陶工艺，后村民遍习，村内便世代以此为业，延续至今。村中一位姓容的长者并不认同村志的记载，根据他的说法，明代万历年间其祖先从三亚崖城镇水南村迁徙至此，因此地泥土适合烧陶，遂定居于此，至今已有 27 代；古窑址前原有数万亩的番人塘，陶工将烧造好的器物用小船经番人塘入海运往各处，番人塘于 20 世纪 50 年代改为现在的莺歌海盐场。

从实际的调查来看，三曲沟窑址可能明代以前就有陶器烧造。在新民村村民的家中，我们见到了一些从窑址捡拾的陶瓷残片，其中一块"福"字款釉下褐彩的盘底，与广东宋元时期雷州窑烧造的釉下褐彩瓷器极为类似，也不排除这本是雷州窑的产品，越过琼州海峡，贩卖至此。"福"字位于残片的盘心，周边是一些类似花卉的纹饰，釉子施得并不均匀，胎质倒是接近于瓷胎，与宋元时期磁州窑质朴自然的民窑风格倒也一致，只是这种褐彩颜色较淡，釉子发绿，不比磁州窑那种黑白对比的美感来得强烈。

还有村民捡到两块不是三曲沟古窑址烧造的彩瓷片，一片是海南本地其他窑口烧造的釉下蓝彩的残片，很像青花瓷；另一片则是江西景德镇窑系烧造的青花瓷。本地窑口的釉下蓝彩瓷片绘有团花纹，与福建地区烧造青花瓷的纹饰略相像，应是本地的澄迈福安窑、儋州碗窑村窑等类似瓷窑烧造，结合海南省文物考古研究所考古发掘的资料，一般将其年代定为清代。景德镇窑系的青花瓷片釉子微微泛青，略感浑浊，青花料深沉，还出现有少量的铁锈斑，底足平切，带有明末青花瓷的风格。这些陶瓷片虽不是三曲沟古窑址的产品，但对其年代的确定倒可起到印证的作用。

《海南古陶瓷》一书中提出三曲沟古窑址在唐代就已经烧造带釉陶器，乐东地区由于南迁人口渐增，一方面可能带来了大陆的陶瓷工艺，另一方面对陶瓷器的需求量也随之增加，陶窑分布遂遍及沿海各地，三曲沟古窑址便是群窑之一。上文中"福"字款釉下褐彩的盘底，由于"福"字写得有些潦草，村民原以为写的是"唐"字，便以此认为瓷片出自唐代。这种以瓷器铭文断代的方式肯定不妥，即便是"唐"字也未必是唐代的器物，可能不过是陶工或使用者等的姓氏。后经大家商议，确认应是"福"字。笔者还见到了村民在 20 世纪 90 年代捡到的开元通宝，钱文"开元通宝"的古钱币始铸于唐代初年，由著名书法家欧阳询题写钱文，并沿用至宋代初年。钱币一般是遗迹断代的可靠依据之一，遗憾的是，这枚钱币是在田地中拾得，不是出自窑址的考古地层，所以断代的意义不大，故而古窑址能否上溯至唐代还需要更多的考古资料予以证实。

三曲沟窑还发现了大圈足黑釉碗，圈足壁较厚，与瓦灶墩窑发现的碗圈足类似（笔者推测瓦灶墩窑为宋元时期，这在后文中会详述原因），结合釉下"福"字款釉下褐彩的盘底来看，三曲沟窑至少在宋元时期应已烧造陶瓷器。

三、窑上村窑系

窑上村窑的执壶与福建五渡桥窑的执壶形制一致，五尧村窑的垫座与五渡桥窑的垫座也极为类似，所以可以推测同属窑上村窑系的五尧村窑、窑上村窑与五渡桥窑的年代具有可比性，五渡桥窑的年代是在南宋至元代，所以推测窑上村窑系的窑址可能在元代就开始烧造陶瓷器。同时窑上村窑还发现了青釉瓷器，从圈足来看，与福安窑系青釉瓷器不甚相同，在时间上可能更早。此外，窑上村窑与上灶窑都有烧造急销，而急销至近现代仍在使用。海南岛的青釉瓷器年代基本都在清代，所以笔者推测窑上村窑可能存在窑址使用的延续性问题。

四、旧县村窑

旧县村窑与窑上村窑虽分属不同的市县，但相距不足两千米，分属昌化江两岸，其间可能有船只往来。旧县村窑的青釉和青黄釉等瓷器，明显与福安窑系的不同，无论是胎质还是釉质都更胜一筹。旧县村窑青釉碗的特征接近宋元时期，饼足碗与福建苦竹垅窑的晚唐五代的饼足碗基本一致，再结合上文中对旧县村自隋唐就作为县治的历史，以及发现的宋元时期的外来瓷器来看，旧县村窑始烧年代应不晚于宋元。

五、儒学堂窑

儒学堂窑有明初为砌筑崖州城墙用砖而建的砖窑和为修建崖州学宫用砖而建的砖窑的两种说法。三亚博物馆藏有儒学堂窑的"吉"字款陶砖，笔者在民间也见到不少此类陶砖。"吉"字推测有两种含义：一是唐代崖州地区始设吉阳县，宋代改设吉阳军，"贞观二年，析延德置吉阳县……（宋高宗）十三年，军复，属县还隶。后改为吉阳军'①。"吉"字城砖可能为建造城池使用，但是原记录中明初建崖州城烧造"吉"字城砖的记载似有不妥："洪武元年十月，改吉阳军为崖州，领县一：宁远。属琼州府，隶广西。三年，改隶广东。"②即

①宋锦增辑，黄德厚分修修：《乾隆崖州志·卷一·疆域志·沿革》，海南出版社，2006，第98页。
②钟元棣创修，张嶲等纂修：《光绪崖州志·卷一·舆地志一·沿革》，海南出版社，2006，第23页。

明初吉阳军改为崖州，建新城还用原名的"吉"字似不合情理。"吉"字的第二种含义便是吉祥寓意，无论是建新城还是建学宫，"吉"若寓意为吉祥的话都是比较合理的，但此时的"吉"字就不具备断代的价值了。

根据当地文博工作者和村民介绍，儒学堂窑的名字就来自学宫兴办儒学，而此窑烧造的正是学宫的墙砖。从《光绪崖州志》来看，"州入学，在城内中街。宋立学宫在城外东南……同治十一年，合州绅耆大文、林祥士、孟儒定、何秉礼、韦庆冕、卢景哲等倡捐重修"[①]，即儒学堂在宋代崖州学宫就开始修建，自宋至清陆陆续续有迁址和重修，直到同治十一年（1872年）还在修缮，这样儒学堂城砖的年代大体在宋至同治十一年这一时间段，由于没有文献记载予以佐证，具体到哪朝难以确定。

六、瓦灶墩窑

瓦灶墩窑发现有厚壁的圈足碗，圈足相对更大，与三曲沟窑的黑釉碗有相似之处。且瓦灶墩窑也发现了釉下褐彩碗，与广东宋元时期的雷州窑相像。此外，瓦灶墩窑发现一片青釉碗底，符合福安窑系特征。由于瓦灶墩窑与福安窑系的深涌岭窑、美杨窑和福安窑都相距不远，不排除是外来产品。而瓦灶墩的发现的两个大圈足碗年代上明显要早于青釉碗，故其年代推测为宋元时期，可能延续至清代。

七、碗灶墩窑

碗灶墩窑也发现有厚壁的圈足碗，圈足相对较小，与大陆其他省份元代的碗底类似，故其年代推测为元代。

八、什吾窑

什吾窑中使用片筑法成型的器物属于黎陶范畴，根据附近村民介绍，在现代仍有烧造，窑址在20世纪下半叶才废弃。其他轮制成型的器物应早于片筑成形的器物。在窑址中见到一件青白釉釉下蓝彩的碗底，根据其胎质、釉色、彩料等，判断不是本地福安窑系窑烧造，应是福建或周边地区的产品，年代为清代，所以什吾窑在清代应有烧造。

第四节　釉下彩瓷的相关问题

一、是否存在青花瓷

在海南岛澄迈县境内的福安窑址、深涌岭窑址、美杨窑址等几处窑址和儋州市碗窑村窑

---

① 钟元棣创修，张嵩等纂修：《光绪崖州志·卷五·建置志·学宫》，海南出版社，2006，第145页。

址中，都发现了釉下绿彩或蓝彩或褐彩的青釉瓷器，这种釉下彩瓷器发掘者和现有的研究者都认为这是青花瓷。

最早对这种釉下彩瓷器的研究始于 1960 年，当时曾广亿先生赴澄迈县太平公社碗灶山的 5 座古瓷窑遗址进行调查时，发现"灰釉碗器外壁绘简单的蓝黑色花纹，颇别致"①，但未指出是否为青花瓷。2002 年 5 月至 6 月，海南省文物考古研究所对福安窑址进行了第一次试掘，年鉴中写道"出土瓷器釉色有黄釉、青白釉和青花罐等"②，明确提出福安窑烧造青花瓷器。2004 年 3 月至 4 月，海南省文物考古研究所对福安窑址进行了第二次发掘，年鉴中写道"出土各类陶瓷器物近千件以及大量的窑具，以垫饼数量最多，釉色有青釉、青白釉、酱褐釉和青花等"③，也明确提出福安窑出土了青花瓷。郝思德先生在《澄迈福安清代窑址考古发掘的主要收获》中提出"经过两次考古发掘，福安窑出土各类陶瓷器 4000 余件……其中青花瓷和青釉居多，青黄釉、酱釉、褐釉数量相对较少"④。涂高潮先生在《海南古陶瓷》一书中也提出"澄迈窑以烧制青白瓷和青花瓷器为主，主要品种有钵、罐、碗、盘、碟、权等"⑤。

最早对"海南岛的釉下彩是青花"的观点提出质疑的是国家文物进出境审核海南管理处的王亦平先生，因为大部分海南岛釉下彩瓷器的发色为蓝灰色或偏绿色，与景德镇等地区的青花瓷差异较大。他提出可以采集一批标本来检测。根据《中国古陶瓷图典》的解释："青花是高温釉下彩之一，是白地青花瓷器的专称。用含氧化钴的钴土矿为原料，在此期间胎体上描绘纹饰，再罩上一层透明釉，经高温还原焰一次烧成。"⑥海南岛的釉下彩瓷器属于青釉，与《中国古陶瓷图典》所说的"白地"不符，但学界一般将钴元素致色的彩瓷器都称作青花，比如云南建水、玉溪地区的青釉青花。从福安窑的标本来看，有些标本的彩料目测可明显看到是在釉下（图五〇九），所以海南岛的釉下彩是否为钴元素致色就成了判断其是否为青花的重要依据，这就需要对其彩料进行检测。

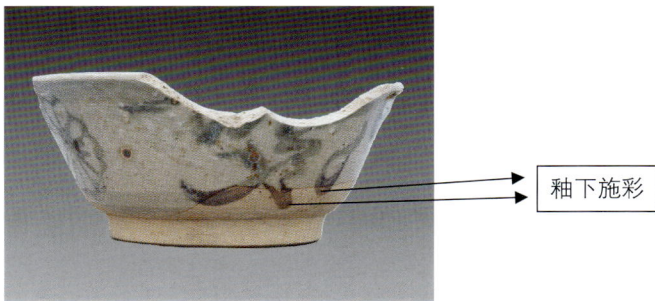

图五〇九　福安窑：38

①曾广亿：《海南岛汀迈古瓷窑调查记》，《考古》1963 年第 6 期。
②郝思德、王大新、王明忠：《澄迈县福安元明清窑址》，载中国考古学会编《中国考古学年鉴（2003）》，文物出版社，2004，第 275—276 页。
③郝思德、王大新：《澄迈县福安清代窑址》，载中国考古学会编《中国考古学年鉴（2006）》，文物出版社，2007，第 338 页。
④郝思德：《澄迈福安清代窑址考古发掘的主要收获》，蔡俐红主编《澄迈历史文化图录》，南方出版社，2007，第 35 页。
⑤涂高潮：《海南古陶瓷》，海南出版社、南方出版社，2008，第 162 页。
⑥冯先铭：《中国古陶瓷图典》，文物出版社，1998，第 43 页。

笔者选取了福安窑系的 9 件标本进行检测，其中 3 件福安窑釉下彩标本，记作 CF1、CF2 和 CF3；3 件美杨窑釉下彩标本，记作 CM1、CM2 和 CM3；2 件深涌岭窑标本，记作 CS1、CS2；1 件碗窑村窑标本，记作 DW1。为方便对比分析，笔者又选取 3 件明清时期景德镇青花标本，记作 JDZ1、JDZ2 和 JDZ3。EDX3600L 型能量色散 X 荧光光谱仪检测报告显示，福安窑的 3 件釉下彩标本都不含钴元素；美杨窑的 3 件标本中仅有 1 件含有微量钴；深涌岭窑有 1 件标本明显含钴，1 件未见钴；碗窑村窑 1 件标本明显含钴；景德镇窑的 3 件青花明显含有钴元素。（表一七至表二一）从标本的钴含量来看，可以确定的是福安窑系的釉下彩瓷器有相当一部分应不是青花瓷器。检测结果也解释了为什么福安窑系的釉下彩没有较为明艳的蓝色，而是蓝灰色、绿灰色和褐色等纹饰较为常见。笔者认为海南岛的釉下彩称作青釉釉下彩更为准确，青釉釉下彩是"釉下彩品种之一，在瓷器的胚胎上进行彩绘装饰后，罩青色透明釉一次高温烧成。……三国时期就已经出现"[1]。从彩绘技术上来说，这种釉下彩早就已出现，但从纹饰来看，福安窑系釉下彩还是受到了青花纹饰的影响。

表一七　福安窑址标本釉下彩成分分析结果

福安窑址釉下彩标本CF1釉下彩成分分析结果											
Na(%)	Mg(%)	Al(%)	Si(%)	P(%)	S(%)	K(%)	Ca(%)	Ti(%)	Cr(%)	Mn(%)	Fe(%)
1.2973	0.837	22.335	61.7482	0.1391	0.0783	4.2256	0.7055	2.1135	0.0532	1.3307	4.335
Co(%)	Ni(%)	Cu(%)	Zn(%)	As(%)	Rb(%)	Sr(%)	Zr(%)	Ba(%)	Pb(%)	Hg(%)	Au(%)
0	0.0062	0.0098	0	0	0.0043	0.0053	0.4923	0.2628	0.0212	0	0
福安窑址釉下彩标本CF2釉下彩成分分析结果											
Na(%)	Mg(%)	Al(%)	Si(%)	P(%)	S(%)	K(%)	Ca(%)	Ti(%)	Cr(%)	Mn(%)	Fe(%)
0.9129	0.2254	0.3906	13.1499	0.0081	0.2031	33.4536	35.9312	1.2178	0	3.6464	6.0095
Co(%)	Ni(%)	Cu(%)	Zn(%)	As(%)	Rb(%)	Sr(%)	Zr(%)	Ba(%)	Pb(%)	Hg(%)	Au(%)
0	0.0412	0.1069	0.421	0	0.0841	0.4758	3.3442	0.3782	0	0	0
福安窑址釉下彩标本CF3釉下彩成分分析结果											
Na(%)	Mg(%)	Al(%)	Si(%)	P(%)	S(%)	K(%)	Ca(%)	Ti(%)	Cr(%)	Mn(%)	Fe(%)
1.1907	0.6937	16.6871	61.5489	0.0379	0.0078	1.1052	15.7868	1.0476	0.0564	0.178	1.3218
Co(%)	Ni(%)	Cu(%)	Zn(%)	As(%)	Rb(%)	Sr(%)	Zr(%)	Ba(%)	Pb(%)	Hg(%)	Au(%)
0	0	0.0091	0	0	0.0008	0.0065	0.2263	0.0954	0	0	0

表一八　美杨窑址标本釉下彩成分分析结果

美杨窑址釉下彩标本CM1釉下彩成分分析结果											
Na(%)	Mg(%)	Al(%)	Si(%)	P(%)	S(%)	K(%)	Ca(%)	Ti(%)	Cr(%)	Mn(%)	Fe(%)
1.2232	0.7035	16.4802	61.7023	0.038	0.0064	1.4542	15.9705	0.9946	0.0806	0.3542	0.7735
Co(%)	Ni(%)	Cu(%)	Zn(%)	As(%)	Rb(%)	Sr(%)	Zr(%)	Ba(%)	Pb(%)	Hg(%)	Au(%)
0.0409	0	0.0055	0	0	0.0009	0.0113	0.0846	0.0757	0	0	0

---

[1] 冯先铭：《中国古陶瓷图典》，文物出版社，1998，第215页。

美杨窑址釉下彩标本CM2釉下彩成分分析结果											
Na(%)	Mg(%)	Al(%)	Si(%)	P(%)	S(%)	K(%)	Ca(%)	Ti(%)	Cr(%)	Mn(%)	Fe(%)
1.2058	0.682	17.557	58.7421	0.0362	0.0218	1.4274	17.2354	0.9579	0.0845	0.3031	1.4818
Co(%)	Ni(%)	Cu(%)	Zn(%)	As(%)	Rb(%)	Sr(%)	Zr(%)	Ba(%)	Pb(%)	Hg(%)	Au(%)
0	0	0.0097	0	0	0.0009	0.0426	0.1348	0.076	0.001	0	0

美杨窑址釉下彩标本CM3釉下彩成分分析结果											
Na(%)	Mg(%)	Al(%)	Si(%)	P(%)	S(%)	K(%)	Ca(%)	Ti(%)	Cr(%)	Mn(%)	Fe(%)
1.4379	0.8153	16.5915	59.2973	0.1547	0.0085	5.6488	6.5897	1.3777	0.0213	0.4803	7.2218
Co(%)	Ni(%)	Cu(%)	Zn(%)	As(%)	Rb(%)	Sr(%)	Zr(%)	Ba(%)	Pb(%)	Hg(%)	Au(%)
0	0	0.0123	0	0	0.0068	0.0146	0.2391	0.0728	0.0096	0	0

表一九　深涌岭窑址标本釉下彩成分分析结果

深涌岭窑址釉下彩标本CS1釉下彩成分分析结果											
Na(%)	Mg(%)	Al(%)	Si(%)	P(%)	S(%)	K(%)	Ca(%)	Ti(%)	Cr(%)	Mn(%)	Fe(%)
1.3758	0.7425	17.1635	55.3493	0.0426	0.0247	4.2307	9.9168	1.1456	0	3.2089	3.956
Co(%)	Ni(%)	Cu(%)	Zn(%)	As(%)	Rb(%)	Sr(%)	Zr(%)	Ba(%)	Pb(%)	Hg(%)	Au(%)
2.2321	0	0.019	0	0	0.0046	0.0136	0.3701	0.2041	0	0	0

深涌岭窑址釉下彩标本CS2釉下彩成分分析结果											
Na(%)	Mg(%)	Al(%)	Si(%)	P(%)	S(%)	K(%)	Ca(%)	Ti(%)	Cr(%)	Mn(%)	Fe(%)
1.2474	0.6995	17.9374	60.1271	0.037	0.0034	2.0676	14.029	1.0817	0.0632	0.6083	1.7384
Co(%)	Ni(%)	Cu(%)	Zn(%)	As(%)	Rb(%)	Sr(%)	Zr(%)	Ba(%)	Pb(%)	Hg(%)	Au(%)
0	0	0.0082	0	0	0.0017	0.0271	0.2442	0.0789	0	0	0

表二〇　碗窑村窑址标本釉下彩成分分析结果

碗窑村窑址釉下彩标本DW1釉下彩成分分析结果											
Na(%)	Mg(%)	Al(%)	Si(%)	P(%)	S(%)	K(%)	Ca(%)	Ti(%)	Cr(%)	Mn(%)	Fe(%)
1.3667	0.9023	15.8907	57.8513	0.2493	0	2.4299	13.9436	1.1067	0.0423	1.944	3.0063
Co(%)	Ni(%)	Cu(%)	Zn(%)	As(%)	Rb(%)	Sr(%)	Zr(%)	Ba(%)	Pb(%)	Hg(%)	Au(%)
0.9221	0	0.015	0	0	0.0023	0.0207	0.1907	0.1162	0	0	0

表二一　景德镇窑址标本釉下彩成分分析结果

景德镇窑址青花标本JDZ1釉下彩成分分析结果											
Na(%)	Mg(%)	Al(%)	Si(%)	P(%)	S(%)	K(%)	Ca(%)	Ti(%)	Cr(%)	Mn(%)	Fe(%)
1.3678	0.7004	17.0448	61.0101	0.0375	0.0674	3.2764	7.8869	0.2149	0	3.8928	2.193
Co(%)	Ni(%)	Cu(%)	Zn(%)	As(%)	Rb(%)	Sr(%)	Zr(%)	Ba(%)	Pb(%)	Hg(%)	Au(%)
2.1991	0.014	0.0094	0.0156	0	0.0118	0.0145	0	0.0434	0	0	0

景德镇窑址青花标本JDZ2釉下彩成分分析结果											
Na(%)	Mg(%)	Al(%)	Si(%)	P(%)	S(%)	K(%)	Ca(%)	Ti(%)	Cr(%)	Mn(%)	Fe(%)
1.3776	0.6969	17.2259	62.9627	0.0387	0.0514	4.5141	8.5805	0.1476	0.0096	2.3057	0.9605
Co(%)	Ni(%)	Cu(%)	Zn(%)	As(%)	Rb(%)	Sr(%)	Zr(%)	Ba(%)	Pb(%)	Hg(%)	Au(%)
1.0874	0.0165	0.0138	0	0	0.0098	0.0013	0	0	0	0	0

景德镇窑址青花标本 JDZ2 釉下彩成分分析结果											
Na(%)	Mg(%)	Al(%)	Si(%)	P(%)	S(%)	K(%)	Ca(%)	Ti(%)	Cr(%)	Mn(%)	Fe(%)
1.4432	0.7445	17.5041	66.9342	0.0412	0	5.2006	3.2172	0.158	0	1.7805	1.3135
Co(%)	Ni(%)	Cu(%)	Zn(%)	As(%)	Rb(%)	Sr(%)	Zr(%)	Ba(%)	Pb(%)	Hg(%)	Au(%)
1.6385	0	0.0121	0	0	0.0104	0.002	0	0	0	0	0

二、周边地区釉下彩瓷的发展

曾广亿先生对广东地区的瓷窑遗址进行考古调查时，发现"清代的陶瓷窑址……其中有十二个县和特区烧制青花瓷器（包括香港新界大浦），当时主要采用龙窑烧瓷，未做正式发掘。……从初步掌握的材料来看，大埔县青花瓷窑规模也很大……方圆范围约数十里，器形有碗、碟、盘、杯、炉、壶、瓶、器盖等。青花纹饰大致可分为山水、花卉树木、动物、宗教图案和文字等类"[①]。广东地区青花瓷的烧造主要在大浦地区，"从大浦明初已有青瓷和仿龙泉瓷生产，嘉靖后开始转入主要生产青花瓷"[②]。笔者未查到大浦地区青花瓷器的图片资料。

在澄迈县瓦灶墩窑址（图五一〇）和乐东三曲沟窑址（图五一一）都发现有釉下褐彩的瓷器残片，这种褐彩与广东雷州窑宋元时期的瓷器有不少相似之处。两件雷州窑瓷器（图五一二、图五一三）与前两者，除去一些做分割用的弦纹等较为规整外，纹饰和书写的字体一般都比较随意，因此三曲沟窑青釉釉下彩瓷器的发展很可能是受到了广东雷州窑的影响。

图五一〇　瓦灶墩窑：1

图五一一　三曲沟窑青釉釉下彩"福"字残片

图五一二　雷州窑"积善之家"褐彩罐[③]

图五一三　南宋至元雷州窑褐彩"福"字纹枕[④]

①曾广亿：《广东瓷窑遗址考古概要》，《江西文物》1991年第4期。
②杨少祥：《广东大埔古瓷窑生产初探》，《广东文博》1986年第1期。
③彭雅莉等：《雷州窑瓷器装饰纹样艺术特色研究》，《中国陶瓷》2016年第52卷第1期。
④黄静：《广东雷州窑彩绘瓷器赏析》，《文物鉴定与鉴赏》2011年第5期。

明代，广西"瓷器制作从过去的纯色为主的素瓷发展到以多色釉为主的彩瓷时期，而青花瓷占据主流地位。……与容县古燕、白饭、北流岭东、浦北小江和宾阳邹圩等地明清之际的一些瓷窑所产的青花瓷有显著的区别……"①。广西青花瓷在明清之际有所发现，但相关资料发表较少。

从现有的考古调查来看，周边的广东、广西地区大体都在明晚期或明末清初之际开始生产青花瓷器。虽然福建的窑业技术对海南岛有较大影响，但不排除海南岛釉下彩的生产与周边地区存在交流。由于广东、广西地区青花瓷研究的发表资料较少，有待以后进行对比研究。

第五节　澄迈县成为海南岛制瓷中心的原因

澄迈县成为海南岛制瓷中心主要有以下三方面原因。

一是经济条件：清代，澄迈地区的经济和文化都已呈现出繁荣之势。地方志记载："金江镇，旧名打铁，在新安都。山川秀明，人文渊薮，货物所聚，舟车所通，人咸以'小苏州'目之。"②即至少在清光绪年间，澄迈的金江镇自然和人文环境优越，货运水陆交通发达，当时的人都称其为"小苏州"。从澄迈县几处窑址的分布来看，基本都在金江镇周边，相距都在10千米以内，在此处建造窑址，不仅可以满足镇中内需，还能方便商贾贩卖。

二是靠近原料产地：周边都是植被茂密的热带季雨林，其中有不少较为高大的松树分布，有丰富的木材原料用于烧窑。在澄迈县美杨窑北部附近，相距仅两三百米的地方发现有高岭土堆积，高岭土旁还有一些青釉、酱绿釉瓷器的残片，此处可能为原来窑址取土的遗迹。

三是河流为交通和用水提供便利：澄迈县地处南渡江的下游，支流遍布境内，美杨窑、福安窑和碗灶墩窑附近都有河流经过，为窑业发展提供用水。

第六节　墓葬、窖藏陶瓷器与窑址陶瓷器比较

涂高潮先生在《海南古陶瓷》中对海南岛隋唐及宋元明清时期陶瓷遗存列表进行了总结，其中包含了31处窑址；其余遗址出土的陶瓷器，列出了器形，关于遗址口出土的陶瓷器为海南本地窑址烧造还是外地引入的问题未进行讨论③。王明忠先生等人对海南岛唐宋时期的

①韦仁义：《广西古代陶瓷综述》，《民族艺术》1990年第2期。
②龙朝翊主修，陈所能等纂修：《光绪澄迈县志·卷二·建置志·都市》，海南出版社，2004。
③涂高潮：《海南古陶瓷》，海南出版社、南方出版社，2008，第109—114页。

海口美秋墓、澄迈灵照墓、海口安久墓、三亚孟村墓葬、陵水移辇村窖藏、乐东白沙村窖藏、昌江大仍村遗址和明清时期金牛岭明清墓葬、陵水大兴村明代窖藏瓷器进行了介绍，认为三亚孟村墓群出土的陶瓷器"应属于南宋时期福建民窑烧制的瓷器"，认同《中国考古学年鉴》中陵水移辇村窖藏的陶瓷器"属于唐宋时期广东、浙江、福建和江西等地的民窑产品"的观点，并指出"唐宋时期海南的瓷器多为舶来品"[1]。明清时期的出土陶瓷器地点中，陵水大兴村明代瓷器窖藏瓷器"应该是海南本地民窑所烧"，金牛岭墓葬出土的陶瓷器"结合海南本土明清时期窑址所烧造的陶瓷器进行比对，可以明显看出两者完全不是同一种类型"。海南核电昌江核电厂工程中的一座清代墓葬出土的陶罐、瓷罐和瓷盏等器物"无论器型，还是釉色都与清代澄迈福安窑烧制器物极其相似"。

整体来说，王明忠等先生对海南地区唐宋以后遗迹中出土陶瓷器的定位是比较准确的，大部分的出土陶瓷器应属于外来产品。不过，像陵水移辇村窖藏的青釉和青白釉瓷器应主要来源于宋代福建的民窑，而陵水大兴村明代窖藏瓷器"应该是海南本地民窑所烧"的观点则是错误的。本地的青釉瓷器基本都属于福安窑系，福安窑系的青釉碗圈足都较为宽大，弧腹以近直居多，碗心和圈足不施釉，很多碗心还有黄褐色的涂抹痕迹（图五一四）。陵水大兴村出土的几件青釉碗（图五一五）从器形、胎质、釉色等来看，与本地窑址烧造的瓷器差距较大，推测为福建地区的民窑产品。值得注意的是，大兴村窖藏的这批瓷器年代上明显要早于明代，定为明代窖藏并不准确。从海南核电昌江核电厂清代墓葬的发表资料来看，大圈足的瓷碗、小碟、酱绿釉壶与福安窑系的产品确实有类似之处。从发表的照片[2]看，器物的釉质除酱绿釉壶外，其他器物似是未烧熟的状态。在福安窑系窑址的调查中，这种未烧熟的情况也比较普遍，所以海南核电昌江核电厂清代墓葬出土的瓷器即使不是福安窑烧造，也有可能为福安窑系的其他窑址烧造的。

图五一四　福安窑青釉碗

图五一五　陵水大兴村明代窖藏出土青釉碗

[1] 王明忠、邹飞：《海南古陶瓷发展史概述》，江苏人民出版社，2018，第72—85页，第111—119页。
[2] 王明忠、邹飞：《海南古陶瓷发展史概述》，江苏人民出版社，2018，第112页。

保亭黎族苗族自治县的什南驳窖藏遗址原定为窑址，但从周边的地理环境来看应为窖藏遗址，出土青釉刻花碗（图五一六，现藏于保亭黎族苗族自治县博物馆）和褐釉四耳罐等文物。从刻花碗的器形、釉色和纹饰等来分析，应为福建民窑产品，其形制、内壁刻花纹饰和外壁的篦划纹与"南海一号"出水的闽清义窑青釉刻花碗（图五一七）极为相似。

图五一六　什南驳窖藏遗址出土青釉刻花碗

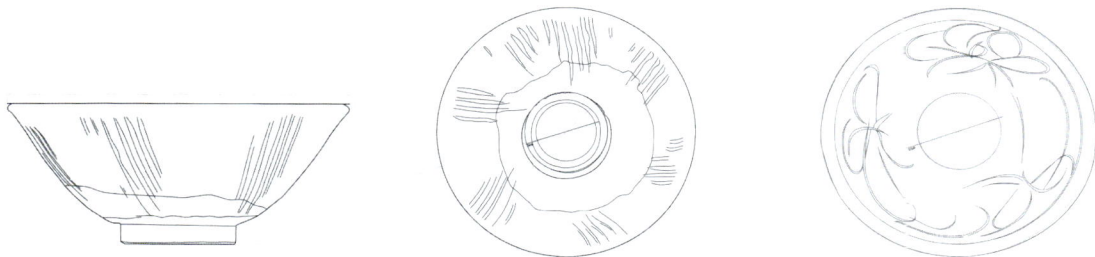

图五一七　"南海一号"出水闽清义窑青釉刻划花碗[①]

第七节　馆藏本土陶瓷器

窑址出土的陶瓷器一般残件居多，而馆藏的本土陶瓷器则可以填补部分器物器形不完整的问题，同时根据釉色、胎质和纹饰等方面对比分析，还可以找到窑址中未发现但实际烧造过的器形。有些市县博物馆内收藏的文物并不是本地窑址烧造，这也在一定程度上能看出陶瓷器在岛内的流通使用情况。

一、三曲沟窑系

从海南省各博物馆藏的陶瓷器来看，三曲沟窑系的带釉陶器是最为常见的品种，在儋州市博物馆、乐东黎族自治县博物馆、昌江黎族自治县博物馆、三亚博物馆都有收藏。三亚市的窑址都未见烧造三曲沟窑系最常见的大型带领罐，但三曲沟窑系的产品都有收藏（图五一八）。从馆藏的完整器物来看，三曲沟窑系的带领陶罐在不同时期其釉质和造型可能也

---

①刘志远：《"南海一号"的考古试掘》，科学出版社，2001，第85页。

有一定的差异，有些釉质呈青黄色，施釉不均匀，釉层也较薄，剥釉现象较为严重（图五一九）；有些则釉色呈各种酱色有些接近黑色，施釉均匀（图五二〇、图五二一）；从器形上来看，青黄釉陶罐较酱釉陶罐略微矮胖，酱釉陶罐的领部明显更高，应存在一定的早晚关系。以一般的陶瓷器釉质发展的脉络来看，青黄色易剥落的釉质陶器可能要早于其他酱色的釉质陶器。原有的研究认为三曲沟窑在唐代就已开始烧造陶瓷器，直至清代、民国都未间断。从史料和实际的调查来看，三曲沟窑存在一定延续的观点应是正确的，是否到唐代尚未确切的资料予以证实。

图五一八　三亚博物馆藏酱釉四系陶罐　　图五一九　乐东博物馆藏青绿釉四系陶罐　　图五二〇　昌江博物馆藏酱釉四系陶罐　　图五二一　昌江博物馆藏酱褐釉四系陶罐

　　乐东黎族自治县博物馆、昌江黎族自治县博物馆、三亚博物馆藏的三曲沟窑系带领陶罐中不少都有蛙形的贴塑，而蛙形贴塑在三曲沟窑系的窑址调查中并未发现，但从器物的造型和纹饰等来判断，这些馆藏大罐都属于三曲沟窑系。上文已述，蛙纹常见于海南黎族的衣服纹样和器物上。值得注意的是，蛙形贴塑在福安窑址和碗窑村窑址都有发现，这也说明蛙纹的文化在整个海南岛都比较盛行，并不仅限于黎族群体。

二、福安窑系

　　福安窑系的瓷器在海南省博物馆、澄迈县博物馆、儋州博物馆、乐东黎族自治县博物馆、文昌博物馆中都有收藏。海南省博物馆和澄迈博物馆的福安窑陶瓷器主要是 2002 年和 2004 年对福安窑进行考古发掘时的出土器物，资料最为丰富，其余博物馆的陶瓷器的主要来源是文物征集。

　　澄迈县博物馆藏的福安窑陶瓷器有不少完整器，福安窑：35（图五二二）仅见底部，而另一件外酱釉内青釉碗（图五二三）则可看到唇口和腹部的弧度。澄迈县博物馆藏的福安窑酱绿釉壶（五二四）还附有盖，可以明显看出福安窑：23（图五二五）就是这类青釉壶的小盖，只是素胎未施釉。乐东博物馆藏器中也发现有几件福安窑系酱绿釉壶（图五二六），可能因为使用时间太长，颜色略深。澄迈县博物馆还藏有福安窑青釉釉下彩壶（图五二七）和单独的青釉器盖（图五二八），这类器物在调查中并未见到，应是福安窑烧造的相对精品的器物。另有一件福安窑垫钵（图五二九）与调查中的福安窑：33（图五三〇）整体形制略有不同，中部有明显束腰。澄迈县博物馆藏酱釉烟斗（图五三一），调查中仅发现素胎器物（图五三二）。

图五二二　福安窑：35

图五二三　澄迈县博物馆藏酱釉碗

图五二四　澄迈县博物馆藏
福安窑酱绿釉壶

图五二五　福安窑：23

图五二六　乐东博物馆藏
青绿釉壶

图五二七　澄迈县博物馆藏
福安窑青釉釉下彩壶

图五二八　澄迈县博物馆藏
福安窑青釉器盖

图五二九　澄迈博物馆馆藏
福安窑垫钵

图五三〇　福安窑：33

图五三一　澄迈县博物馆藏酱釉烟斗

图五三二　福安窑：34

　　在美杨窑发现有酱绿釉高足灯盏（图五三三）。从澄迈博物馆藏来看，福安窑另有足部更高，圆唇，微侈口，口下部内凹的灯盏（图五三四）；另有一件福安窑高足器（图五三五），高足较美杨窑：131略矮，侈口，深腹，从腹部的深度来看应不是灯盏，属于杯类器物，与残件美杨窑：132属于同一类器物。儋州博物馆的一件酱绿釉壶（图五三六）与碗窑村窑：22（图五三七）应属于同一器形，相对更为完整，底部的平底可看到明显的修足痕迹，很可能就出自儋州市的碗窑村窑。文昌博物馆藏酱绿釉灯盏（图五三八），敞口，弧腹，平底，白胎，胎质细腻坚致，内壁施满釉，外壁仅在口沿和上腹部施釉，下腹部和底部无釉，与碗窑村窑的A型灯盏（图五三九）造型一致，应也是福安窑系的产品。

图五三三　美杨窑：131

图五三四　澄迈县博物馆藏
酱绿釉灯盏

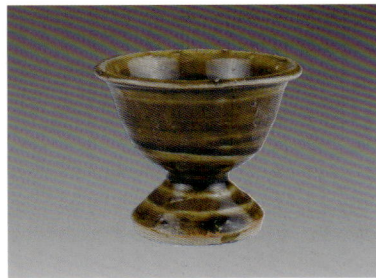

图五三五　澄迈县博物馆藏
酱绿釉杯

图五三六　儋州博物馆藏酱绿釉壶

图五三七　碗窑村窑：22

图五三八 文昌博物馆藏酱绿釉灯盏

图五三九 A型碗窑村窑：31

在美杨窑北边第二地点发现一件酱绿釉偏黄的香炉（图五四○），与现藏海南省博物馆的出土于福安窑的两件香炉（图五四一与图五四二），在器形上有一定相似之处。图五四一的酱绿釉香炉除有两个朝冠耳，与美杨窑北b：7的香炉器形基本一致，都为盘口，短束颈，扁鼓腹，高圈足，圈足挖有三个半圆形缺口；图五四二的香炉为青黄釉，应未烧熟，主体造型也是盘口，束颈较美杨窑北b：7略长，鼓腹，与之不同的是附有双竖耳，圜底，底部附有三足。

图五四○ 美杨窑北b：7

图五四一 海南省博物馆藏酱绿釉"福"字香炉[1]

图五四二 海南省博物馆藏青黄釉贴花鼎式炉[2]

三、窑上村窑系

窑上村窑系的器物主要是一些较三曲沟窑略小的釉陶器，如东方市博物馆藏的双系陶罐（图五四三），直口，圆唇，长颈，颈部有弦纹装饰，颈下部有手捏桥形双系，深腹，灰胎，与昌南村窑的A型罐（图五四四）造型一致，推测为窑上村窑系的窑址烧造。

图五四三 东方市博物馆藏双系陶罐

图五四四 A型昌南村窑：3

①王明忠、邹飞：《海南古陶瓷发展史概述》，江苏人民出版社，2018，第107页。
②张柏：《中国出土瓷器全集10》，科学出版社，2008，第118页。

四、什吾窑

白沙民族博物馆藏中多见什吾窑后期平地堆烧烧制的陶器，有陶瓮（图五四五）、提梁陶壶（图五四六）、提梁陶篮（图五四七）、高足且具有蒸煮功用的陶质器皿等。从窑址采集的标本来看，主要是这些陶器的提梁和口沿（图五四八和图五四九）。

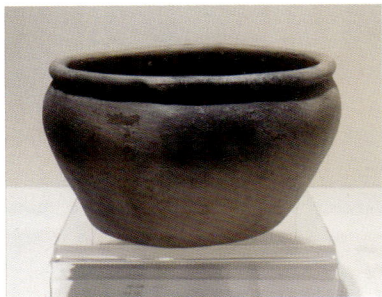

图五四五　白沙民族博物
馆藏陶瓮

图五四六　白沙民族博物馆藏
提梁陶壶

图五四七　白沙民族博物馆藏
提梁陶篮

图五四八　什吾窑：6

图五四九　什吾窑：8

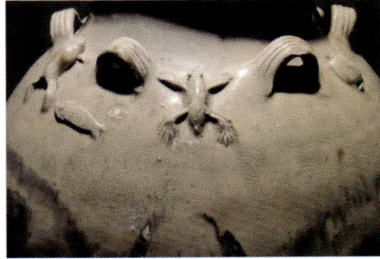

图五五〇　白沙民族博物馆藏
青釉釉下彩花卉纹六系罐

五、特殊器物

从以上馆藏陶瓷器的造型、胎质、釉色和纹饰等特征，基本可以判断出它们属于某一个窑系或窑址的产品。白沙民族博物馆的一件青釉釉下彩花卉纹六系罐（图五五〇）则比较特殊，从器形看，高领、带系、深腹以及蛙纹贴塑的特征接近于三曲沟窑系，但青釉釉下彩的特点又与福安窑系相像。这件器物为该馆征集得来，无法确定具体的烧造窑址，考虑到其较大的器形等特征，应还是海南岛的窑址所烧，推测是三曲沟窑系和福安窑系的产品相互借鉴的产物。

第八节　海南岛古陶瓷与海上丝绸之路上的陶瓷器

海南岛的古窑址遍及 12 个市县，其中澄迈县、琼海市、儋州市、三亚市、东方市都发现有瓷窑分布。从澄迈县来看，仅福安窑就有窑炉 5 座，两次考古发掘出土各类陶瓷器

4000 余件，陶瓷器的残件遍布福安窑址的保护区。深涌岭窑和碗灶山窑原记录有 5 座窑炉之多，从深涌岭的瓷片堆积地层来看，产量很大。儋州碗窑村窑也有窑炉 5 座，周边遍布陶瓷器残片。从这些瓷窑的体量和可推测的产量来看，供岛内居民使用是完全足够的。考虑到岛内很多地区虽不烧瓷器，但也有窑址烧造釉陶，因此海南岛的陶瓷器很可能是用于对外贸易的。

宋代，伴随着中国的经济重心南移和造船技术的提升，同时由于政治上的原因，陆上丝绸之路受阻，这使得宋代尤其是南宋统治者积极鼓励和支持海外贸易，通过海上丝绸之路发展与周边国家和地区的贸易关系，海南作为贸易枢纽真正发展起来。宋孝宗乾道年间，即有广州市舶司官员提请在琼州设立市舶机构，《诸蕃志·海南》记载："（琼州）属邑五：琼山、澄迈、临高、文昌、乐会，皆有市舶。"[1]元人汪大渊在《岛夷志略》中多处提到海南岛对外贸易的重要商品——黎锦，如："贸易之货，用青瓷器、花布、粗碗、铁块、小印花布、五色布之属。"[2]"贸易之货，用海南占城布、铁线、铜鼎、红绢、五色布、木梳、篦子、青器、粗碗之属。"[3]"贸易之货，用塘头市布、占城布、青盘、花碗、红绿烧珠、琴、阮、鼓、板之属。"[4]"贸易之货，用青白花器、海南巫仑布、银、铁、水埠、小罐、铜鼎之属。"[5]"贸易之货，用青瓷器、粗碗、海南布、铁线、大小埠瓷之属。"[6]"贸易之货，用银、铁、水绫、丝布、巫仑八节那涧布、土印布、象齿、烧珠、青瓷器、埠器之属。"[7]"货用青白花瓷器、占城布、小红绢、斗锡、酒之属。"[8]"贸易之货，用丁香、豆蔻、良姜、荜茇、五色布、青器、斗锡、酒之属。"[9]其中的"五色布""海南占城布""海南巫仑布""海南布"和"巫仑八节那涧布"等应都属于海南黎锦的范畴。从黎锦的出口就可看到当时海南岛对外贸易的繁盛。除黎锦外，"青瓷器""粗碗""青盘""花碗""青白花器""大小埠瓷之属"等说的都是陶瓷器的贸易。贸易商品中既然有黎锦，那么贸易陶瓷器中存在海南岛陶瓷器也是完全有可能的。明洪武年间，海南琼山设立递运所、河舶所，多个港口的河舶所有 11 处之多，负责管理船运事宜。清康熙二十四年（1685 年），清政府废除市舶司制度，设立江、浙、闽、粤四海关，海南隶属粤海关管辖；1858 年清政府与外国列强签订《天津条约》，琼州（今海南岛）被强行开放为通商口岸之一；清光绪年间，琼海关在海口成立，从此海南被强行纳入现代世界贸易体系之中[10]。由宋至清，海南岛作为海上丝绸之路南海航向线上的重要承接点，因其独特的地理位置、优良的海港和完善的对外贸易机构，在对外贸易中扮演着不可替代的角色。

---

[1]赵汝适：《诸蕃志·海南》，载周伟民、唐玲玲主编：《历代文人笔记中的海南》，海南出版社，2012，第36页。
[2]汪大渊：《岛夷志略校释》，苏继庼校释，中华书局，1981，第86页。
[3]汪大渊：《岛夷志略校释》，苏继庼校释，中华书局，1981，第93页。
[4]汪大渊：《岛夷志略校释》，苏继庼校释，中华书局，1981，第99页。
[5]汪大渊：《岛夷志略校释》，苏继庼校释，中华书局，1981，第123页。
[6]汪大渊：《岛夷志略校释》，苏继庼校释，中华书局，1981，第199—200页。
[7]汪大渊：《岛夷志略校释》，苏继庼校释，中华书局，1981，第205页。
[8]汪大渊：《岛夷志略校释》，苏继庼校释，中华书局，1981，第102页。
[9]汪大渊：《岛夷志略校释》，苏继庼校释，中华书局，1981，第257—258页。
[10]李彩霞：《清代海南对外贸易的兴衰转变》，《兰台世界》，2014年第22期。

　　关于海南岛在海上丝绸之路上的作用，很多学者原来的研究并未认识到它在对外贸易中的重要性，以姜樾先生的观点为例，他认为海南岛的诸港口、海湾，主要起着暂泊中转、取水采薪和避风安全的作用；除了海口地区的港口，其他各地既没形成港市，也未开展跟蕃舶的直接通航和贸易[①]。随着近年来的研究，越来越多的学者认识到海南岛在对外贸易中的重要性，以张一平先生为例，他通过文献的记载总结出"唐宋时期（海南岛）已有部分商品输出到国内外，主要是当地的土特产比如沉香、藤、蔗糖、高良姜、槟榔、椰子、玳瑁、珍珠、吉贝、黄腊和香料等"[②]。陈江先生等进一步指出"（海南岛）是海上丝绸之路上重要的贸易口岸……大量史料证明了海南在海上丝绸之路的内联外引的作用，不仅把本地区所需要的产品引进来，同时把能把本地区所拥有的各种土产输出去，引进来和输出去也是双向开展的，可以是与内地的也可以是与东南亚甚至是更远的欧洲、非州以及其他地区"[③]。

　　虽然之前的文献中并未见有海南岛陶瓷器外销的记载，南海水下文化遗产的考古调查、发掘和研究中，也未见有学者指出海南岛的陶瓷器外销的证据，但这并不能证明海南岛的陶瓷器不存在外销的历史。一个需要指出的问题是海南岛古窑址中仅有福安窑经过了考古发掘，其考古资料虽零星出现于很多学者的论著中，但系统性的考古资料并未发表，这也就造成了很多从事水下考古工作和研究的学者，对海南岛古陶瓷的实际情况并不了解。所以已有的水下考古发掘遗物中，可能存在海南岛的古陶瓷因认识不足，被认作福建或其他地区的产品的问题。陈江先生等就提出"在来往于海南进行贸易的各种船只中，其装载的货物中或许存在着海南福安窑生产的瓷器，这也不是不可能的，当然这还要我们做好进一步的考证工作"[④]。

　　海南岛被南海所包围，海南省有着约200万平方千米的海域面积，海南岛古陶瓷在周边海域出水的可能性最大。从已有的南海西沙水下考古的资料来看，"华光礁1号"沉船遗址、"北礁1号"沉船遗址、"北礁3号"沉船遗址、"北礁1号"遗物点、"北礁2号"遗物点、"北礁3号"遗物点、"北礁4号"遗物点、"北礁5号"遗物点、"石屿1号"遗物点、"银屿1号"遗物点、"银屿2号"遗物点和"银屿3号"遗物点出水的青釉、青白釉、白釉和青花瓷器，主要为福建地区、江西景德镇和浙江龙泉窑系的外销产品[⑤]。其中"银屿3号"遗物点出水的一件青花碗与福安窑系的青釉釉下彩瓷器（图五五一、图五五二）有一定的相似性，记作标本99XSYS3：0004（图五五三），敞口，圆唇，斜腹，平底，宽圈足与碗底近齐，足口内敛，厚胎，胎色灰白，釉色青灰，青花呈青黑色，内壁口沿下一道青花单圈弦纹，碗底有涩圈，碗心一青花单圈纹，外口沿下一道青花单圈弦纹，之下是一周草叶纹，口径12.7厘米、

①姜樾：《海上丝绸之路和海南岛港口》，《广东民族学院学报（社会科学版）》，1991年第3期。
②张一平：《海南在古代海上丝绸之路上的地位和作用》，载海南省文化广电出版体育局、三沙市人民政府编《南海水下文化遗产（第一辑）》，江苏人民出版社，2015，第132页。
③陈江、朱纬等：《海南于海上丝绸之路历史地位之我见》，载海南省文化广电出版体育局、三沙市人民政府编《南海水下文化遗产（第一辑）》，江苏人民出版社，2016年，第161页。
④同上。
⑤中国国家博物馆水下考古研究中心、海南省文物保护管理办公室：《西沙水下考古（1998—1999）》，科学出版社，2006，第65—227页。

足径 7 厘米、高 4.2 厘米。无论是大圈足斜直腹的造型还是釉下彩的发色，"银屿 3 号"遗物点的 A 型青花碗都与福安窑青釉釉下彩碗具有一致性，纹饰上也是较为随意。当然由于海南岛的陶瓷器明显受到福建地区的影响，这种造型和青花发色的碗在福建武夷山地区清代至民国的井后垅窑址、牛滩山窑址、回瑶窑址和碗厂窑址中也能够见到。结合"银屿 3 号"遗物点出水的其他瓷器来看，99XSYS3：0004 这件青花瓷更可能为福建的产品。宁波象山"小白礁 I 号"也发现一件清代花草纹碗（图五五四），与福安窑系的青釉釉下彩在形制和青花发色上一致。"银屿 3 号"遗物点年代为清代中晚期，宁波象山"小白礁 I 号"的年代为清代道光年间，这也为福安窑系的产品年代为清代提供了佐证，证明福安窑系的这种青釉釉下彩瓷器是符合当时对外贸易的出口标准的。

图五五一　福安窑：38

图五五二　福安窑：37

图五五三　"银屿 3 号"遗物点
A 型青花碗[1]

图五五四　宁波象山"小白礁 I 号"出水清代花草纹碗[2]

　　除西沙地区的考古调查和发掘外，同样位于南海海域的南宋早期沉船"南海 I 号"的发表资料中，出水的白釉、青釉和青白釉都为福建地区和江西景德镇的产品，与海南岛古陶瓷都有较大差异[3]。

　　海南省文物考古研究所对万宁市大洲岛出水遗物点的考古调查中，采集陶、瓷残片标本

---

　　① 中国国家博物馆水下考古研究中心、海南省文物保护管理办公室：《西沙水下考古（1998—1999）》，科学出版社，2006，第224页。

　　② 宁波市文物考古研究所、象山县文物管理委员会办公室、国家文物局水下文化遗产保护中心：《渔山遗珠——宁波象山"小白礁 I 号"出水文物精品图录》，宁波出版社，2015，第49页。

　　③ 广东省文物考古研究所：《2011年"南海 I 号"的考古试掘》，科学出版社，2011。

共有37件，其中釉陶片4件，包括酱釉陶罐口沿1件、旋涡纹腹片1件、罐底1件、钵口沿1件；青花瓷碗底30件，胎质厚重，多灰白胎，釉色白中泛青、润泽，钴料发色正，蓝中泛灰，圈足，内外施釉及底，部分外底上釉，有鸡心点，多数涩圈叠烧①。《中国考古学年鉴（2014）》中大洲岛出水遗物点出水的"釉陶"应该就是带釉陶器，酱釉罐、和旋涡纹的装饰在海南岛很多古窑址中都有出现。从《中国考古学年鉴（2014）》中的对青花瓷的介绍来看，"灰白胎，釉色白中泛青、润泽，钴料发色正，蓝中泛灰。圈足，内外施釉及底，部分外底上釉，有鸡心点，多数涩圈叠烧"完全符合福安窑系青釉釉下彩的特征，遗憾的是这批陶瓷器遗物仅见文字资料，未有图片公布，尚不能确定是海南岛还是福建地区窑址所烧。大洲岛出水遗物点出水陶瓷器被认为"属清代福建青花瓷窑场德化、华安东溪、安溪窑产品，黑釉盏则是宋元时期福建建窑系产品"②。海南省文昌市青澜港也出水一批青花瓷器，从发表的文字和图片资料看，"从出水器物本身而言，均是青花瓷器，产地窑口一致，为明晚期漳州窑产品"③。文昌市青澜港出水的青花瓷和海南岛本地的青釉釉下彩差距较大，器形、纹饰和彩料的发色都不一致，应属于外来产品。

其他距离海南岛较远的重大水下考古发现如福建连江定海湾沉船遗址④、"南澳Ⅰ号"明代沉船⑤、福建平潭大练岛元代沉船遗址⑥、福建平潭"碗礁一号"沉船遗址⑦、福建平潭老牛礁明代沉船遗址⑧、福建龙海"半洋礁一号"沉船遗址⑨、福建莆田"北图龟礁一号"沉船遗址⑩、小练岛东礁村沉船遗址⑪、漳浦沙洲岛沉船遗址⑫、惠安大竹岛沉船遗址⑬和福建沿海其他水下考古调查与发现⑭等出水陶瓷器的资料和学者的研究来看，出水器物都是福建、浙江和景德镇烧造，与海南岛古窑址多有明显不同，国外的沉船资料也基本是这样的

---

① 李钊、张聪：《万宁市大洲岛出水遗物点调查》，载中国考古学会编《中国考古学年鉴（2014）》，文物出版社，2014，第360页。
② 海南省文物考古研究所、万宁市博物馆：《海南省万宁市大洲岛出水遗物点水下考古调查》，载海南省文化广电出版体育局、三沙市人民政府编《南海水下文化遗产（第一辑）》，江苏人民出版社，2015，第184页。
③ 海南省文物考古研究所、文昌市博物馆：《海南省文昌市清澜港出水遗物点调查》，载海南省文化广电出版体育局、三沙市人民政府编《南海水下文化遗产（第一辑）》，江苏人民出版社，2015，第188页。
④ 赵嘉斌、吴春明：《福建连江定海湾沉船考古》，科学出版社，2011。
⑤ 广东省文物考古研究所：《南澳Ⅰ号明代沉船2007年调查与试掘》，《文物》2011年第5期。
⑥ 福建平潭大练沉船遗址水下考古队：《福建平潭大练岛元代沉船遗址水下考古发掘的收获》，《福建文博》2008年第2期。
⑦ 福建平潭"碗礁一号"沉船遗址水下考古队：《福建东海平潭"碗礁一号"沉船遗址出水瓷器》，科学出版社，2006。
⑧ 羊泽林：《福建平潭老牛礁明代沉船遗址》，《大众考古》2015年第9期。
⑨ 国家文物局水下文化遗产保护中心、中国国家博物馆、福建博物院：《福建沿海水下考古调查报告（1989—2010）》，文物出版社，2017。
⑩ 国家文物局水下文化遗产保护中心、中国国家博物馆、福建博物院：《福建沿海水下考古调查报告（1989—2010）》，文物出版社，2017。
⑪ 国家文物局水下文化遗产保护中心、中国国家博物馆、福建博物院：《福建沿海水下考古调查报告（1989—2010）》，文物出版社，2017。
⑫ 福建沿海水下考古调查队：《漳浦县沙洲岛元代沉船遗址水下考古调查》，《福建文博》，2008第2期。
⑬ 国家文物局水下文化遗产保护中心、中国国家博物馆、福建博物院：《福建沿海水下考古调查报告（1989—2010）》，文物出版社，2017。
⑭ 栗建安《中国水下考古"六大发现"——海上丝绸之路上的中国古代外销瓷》，《国际博物馆（中文版）》，2008年第4期。

情况。

　　海南岛的古陶瓷相比于福建、江西和浙江等陶瓷大省来说，产量是比较小的，但就本省人口使用数量来说，是完全有外销条件的。海南岛外销古陶瓷数量相比于其他陶瓷大省占比还是较低，这也就决定了海南岛古陶瓷即便外销，在古代沉船中也较难找寻到。上文的对比针对的只是沉船遗址中已发表的出水资料，从实际的对比来看，海南岛古陶瓷是存在外销的交通条件和制瓷水平的，一些沉船中也发现有与其形制等相似的器物。现有的海南岛古窑址和陶瓷器的研究还处于起步阶段，水下考古的资料也在不断更新，随着研究的深入，海南岛古陶瓷外销的确切证据可能在不久的将来就会发现。

结　语

从 20 世纪 50 年代曾广亿先生的调查开始，海南岛古窑址的调查和研究工作持续了有半个多世纪之久，本书有不少内容是在前人研究成果的基础上进行的再调查。在现场调查和整理文物标本的过程中，笔者对现存古窑址的具体位置、保存状况和烧造器物的情况都有了较为全面的了解。通过前面几章的窑址介绍和问题探讨，笔者对海南岛窑业遗存和陶瓷器的内涵也产生了不少新的认识。

一是对学界原有关于海南岛陶瓷器中"釉陶"的认识的再认识。实验数据证明，海南岛众多窑址中出现的带釉陶器不是低温铅釉，即不属于一般所谓的"釉陶"范畴。

二是新发现了定安县大坡村窑址和临高县昌南村窑址，认识到原有三亚市官沟窑址只存在官沟遗址，没有窑址。大坡村窑址由于处于大坡村外的树林中，保存完整，出土的瓷象棋子和带有深蓝彩色块的酱釉饼足碗都是比较有特点的器物。昌南村窑址距离临高县的五尧村窑址不远，部分窑址由于修路而遭到破坏。宋景德年间，朝廷以年号赐名昌南为"景德镇"，所以昌南村的村名是否和窑业及景德镇有关也是一个值得探讨的问题。三亚市官沟并不存在窑址，但有明确的遗址残留，其所有青砖和儒学堂窑址烧制的一致，所以儒学堂窑可能是官沟青砖的供应地，这就造成原有学者在官沟调查到古代青砖的遗物时，错将其定为窑址。

三是在原有通过人口迁移和福安窑横式阶级窑来论述海南岛古窑址技术来源于福建的基础上，通过与福建窑址的陶瓷器的器形、釉色、窑具和窑业技术等的对比，用实物进一步证明了这一论点。

四是原有的观点认为福安窑址烧造的釉下彩瓷器属于青花瓷，但从窑址的多个实验数据来看，大部分不含有钴元素，即不是青花瓷，所以福安窑系的釉下彩瓷器称作青釉釉下彩瓷更为准确。当然也有一些器物的实验数据明确了钴元素的存在，所以不排除海南岛古陶瓷中有一部分是青花瓷的可能性。

五是从现有的调查材料来看，根据器物的类别分析和器物形貌，海南岛古窑址至少有福安窑系、三曲沟窑系和窑上村窑系 3 个比较明确的窑系。古瓷窑中时代最早的可能在宋元以前，在旧县村窑址发现的这一时期的几件饼足器物，综合现有窑址的资料来看，应是海南岛已发现的最早瓷器。瓦灶墩窑、碗灶墩窑碗类器物的年代大体也在宋元时期，福安窑系可以确定的是在清代有过烧造，其他窑址的年代还需要更多的考古资料才能理清。

六是作为海上丝绸之路重要的一环，从其他海南岛物品的对外贸易情况以及与出水陶瓷器的对比结果来看，海南岛陶瓷是符合当时出口标准的和外销条件的。其一，本书仅对海南岛古陶瓷做了简要的介绍和讨论，还不能完全代表海南岛古陶瓷的实际情况；其二，考虑到沉船遗址的资料即使包含海南岛古陶瓷的标本，也有可能由于认识上的问题被归入其他地区或未发表；其三，希望本书的内容可以为以后水下考古调查和发掘中的海南岛古陶瓷研究提供参照。

从各市县窑址的分布情况和烧造水平来看，由于自身经济、地理等的优势，澄迈县无疑是海南岛窑业烧造的中心区。书中的这39处窑址只是现有的调查发现，依据已掌握的资料推测，在南渡江下游尤其是在澄迈县境内以及昌化江流经的东方市和昌江黎族自治县沿线应还有不少的窑址，但由于环境和时间等因素的限制，只能期待在以后的探查工作中继续发现。同时古窑址遍布各市县，由于自然地理环境、笔者自身能力等原因，很多调查工作不免存在纰漏，具体到某一个窑的陶瓷器形很可能存在缺失。比如2020年12月中国文物保护基金会古陶瓷鉴定培训班学员们在儋州市碗窑村古窑址考察的过程中，琼海市博物馆的何声乐老师在窑址边缘区域采集到一件青白釉的省油灯。省油灯的发现在海南尚属首次。笔者在《儋州古窑发现省油灯》[①]一文中已做过相关讨论，本书中不再赘述。另外，笔者随中国文物保护基金会古陶瓷鉴定培训班考察临高五尧村窑址时，新发现五尧村窑址除本书中介绍的带釉陶器外，另有瓷器的烧造。从村民家中采集到的带褐彩青釉饼足碗的烧造年代可能要早于福安窑系的青釉瓷器，由此看来五尧村窑址的研究还有待深入。因此，本书中所有的窑址只是简单地分型，并未完整地分式，这就无法体现陶瓷器发展的历时性关系，像窑上村窑、瓦灶墩窑等窑址很可能存在延续性的问题，这一弊端就更为突出。考古学是一个不断更新自己的学科，原有认识在新的考古资料出现后完善甚至颠覆都是很普遍的事情，希冀以后的古窑址考古工作对本书的内容有更大的补充和修正。

---

① 刘亭亭：《儋州古窑发现省油灯》，《海南周刊》2021年2月22日B12版。

参考文献

［1］郝思德，王大新. 三亚市落笔洞石器时代遗址［M］//中国考古学会. 中国考古学年鉴（1995）. 北京：文物出版社，1997.

［2］郝思德，黄万波. 三亚落笔洞遗址［M］. 海口：南方出版社，1998.

［3］王克荣. 海南省的考古发现与文物保护［M］//文物编辑委员会. 文物考古工作十年. 北京：文物出版社，1990.

［4］郝思德，张昆荣. 琼中县腰子新石器时代遗址［M］//中国考古学会. 中国考古学年鉴（2002）. 北京：文物出版社，2003.

［5］郝思德. 陵水县石贡新石器时代遗址［M］//中国考古学会. 中国考古学年鉴（2007）. 北京：文物出版社，2008.

［6］郝思德，蒋斌. 陵水县移辇村新石器时代遗址［M］//中国考古学会. 中国考古学年鉴（2008）. 北京：文物出版社，2009.

［7］王明忠，李钊，贾宾，韩飞. 海南陵水县移辇新石器时代沙丘遗址的发掘［J］. 考古，2016（8）.

［8］王大新. 通什市毛道乡新石器时代遗址［M］//中国考古学会. 中国考古学年鉴（1996）. 北京：文物出版社，1998.

［9］中国社会科学院考古研究所华南一队，海南省博物馆（海南省文物考古研究所）. 海南东南部沿海地区新石器时代遗存［J］. 考古，2016（7）.

［10］唐胄纂. 正德琼台志上·卷三·沿革考·府［M］. 海口：海南出版社，2006.

［11］蒋廷锡等纂修. 雍正初修大清一统志·琼州府·风俗［M］. 海口：海南出版社，2006.

［12］唐胄纂. 正德琼台志上［M］. 海口：海南出版社，2006.

［13］李勃. 海南岛历代建制沿革考［M］. 海口：海南出版社，2005.

［14］陈铭枢. 海南岛志［M］. 海口：海南出版社，2004.

［15］王克荣. 海南省的考古发现与文物保护［M］//文物编辑委员会. 文物考古工作十年. 北京：文物出版社，1990.

［16］涂高潮. 海南古陶瓷［M］. 海口：海南出版社、南方出版社，2008.

［17］李熙，王国宪. 民国琼山县志·卷五·建置志六·都市［M］. 海口：海南出版社，2003.

［18］冯先铭. 中国古陶瓷图典［M］. 北京：文物出版社，1998.

［19］王明忠，邹飞. 海南古陶瓷发展史概述［M］. 南京：江苏人民出版社，2018.

［20］福建博物院，晋江博物馆. 磁灶窑址：福建晋江磁灶窑址考古调查发掘报告［M］. 北京：科学出版社，2011.

［21］曾广亿. 海南岛汀迈古瓷窑调查记［J］. 考古，1963（6）.

［22］郝思德，王大新，王明忠. 澄迈县福安元明清窑址［M］∥中国考古学会. 中国考古学年鉴（2003）. 北京：文物出版社，2004.

［23］郝思德，王大新. 澄迈县福安清代窑址［M］∥中国考古学会. 中国考古学年鉴（2006）. 北京：文物出版社，2007.

［24］郝思德. 澄迈福安清代窑址考古发掘的主要收获［M］∥澄迈县博物馆. 澄迈历史文化图录. 海南：南方出版社，2007.

［25］海南省文物考古研究所、海口市博物馆. 海南海口金牛岭明清墓地发掘简报［J］. 南方文物，2011（13）.

［26］郝思德，陈奋飞. 陵水县大英村明代窖藏瓷器［M］∥中国考古学会. 中国考古学年鉴（2006）. 北京：文物出版社，2008.

［27］定安博物馆. 定安县文物志［M］. 广州：中山大学出版社，1987.

［28］万宁县地方志编纂委员会. 万宁县志［M］. 海口：南海出版公司，1994.

［29］张林彬. 儋州文物概览［M］. 广州：广东旅游出版社，2013.

［30］李清临等. 中国古代陶瓷窑炉分类浅议［J］. 江汉考古，2017（6）.

［31］陈景埙. 乾隆琼州府志·卷一·地舆志［M］. 海口：海南出版社，2006.

［32］陈志. 海南岛新志［M］. 海口：海南出版社，2004.

［33］张龙丹，张翠玲，吴业恒. 明沈侨夫妇墓发掘简报［J］. 洛阳考古，2018（2）.

［34］曲轶莉. 东北亚古代鱼形器研究［J］. 北方文物，2008（3）.

［35］居晴磊. 鱼形纹饰与中国传统文化［J］. 苏州大学学报（工科版），2003，23（6）.

［36］陆容. 菽园杂记［M］. 北京：中华书局，1985.

［37］林长华. 两岸"急销"话古今［J］. 福建史志，2017（5）.

［38］郑超雄. 从广西合浦明代窑址内发现瓷烟斗谈及烟草传入我国的时间问题［J］. 农业考古，1986（2）.

［39］赵学敏. 本草纲目拾遗［M］. 北京：中国中医药出版社，1998.

［40］吴启纲. 明清时期烟草在中国快速传播的外在历史动因［J］. 学习月刊，2011（14）.

［41］蒋慕东等. 烟草在中国的传播及其影响［J］. 中国农史，2006（2）.

［42］河南省文化局文物工作队. 河南省鹤壁集瓷窑场发掘简报［J］. 文物，1964（8）.

［43］洛阳市文物工作队. 洛阳市西工区6592号北宋墓［J］. 中原文物，2002（3）.

［44］张如安. 南宋象棋子出土记［N］. 象棋报，1993-01-18.

［45］洛阳市文物工作队. 洛阳市西工区6592号北宋墓［J］. 中原文物，2002（3）.

［46］河南省文化局文物工作队. 河南省鹤壁集瓷窑场发掘简报［J］. 文物，1964（8）.

［47］杨桂荣. 馆藏宋代铜质象棋［J］. 中国历史博物馆馆刊，1989（0）.

［48］曹量. 海南古代铜鼓初论［J］. 海南师范大学学报（人文社会科学版），2016，34（4）.

［49］刘雨玲. 中国南方蛙纹研究：以广西壮族和海南黎族中心［D/OL］. 广州：华南理工大学，2018［2020-06-06］. https://www.doc88.com/p-9833861366090.html.

［50］符桂花. 黎族传统织锦［M］. 海口：海南出版社，2015.

［51］王俞春. 历代过琼公传［M］. 北京：中国国际广播出版社，1993.

［52］王俞春. 海南移民史志［M］. 北京：中国文联出版社，2003.

［53］范成大. 桂海虞衡志［M］//周伟民，唐玲玲. 历代笔记中的海南. 海口：海南出版社，2012.

［54］周去非. 岭外代答［M］//周伟民，唐玲玲. 历代笔记中的海南. 海口：海南出版社，2012.

［55］中国国家博物馆水下考古研究中心，福建博物院文物考古研究所，武夷山市博物馆澄迈县博物馆. 武夷山古窑址［M］. 北京：科学出版社，2015.

［56］黄德厚. 乾隆崖州志［M］. 海口:海南出版社，2006.

［57］张嶲等. 光绪崖州志［M］. 海口：海南出版社，2006.

［58］曾广亿. 广东瓷窑遗址考古概要［J］. 江西文物，1991（4）.

［59］杨少祥. 广东大埔古瓷窑生产初探［J］. 广东文博，1986（1）.

［60］彭雅莉等. 雷州窑瓷器装饰纹样艺术特色研究［J］. 中国陶瓷，2016，52（1）.

［61］黄静. 广东雷州窑彩绘瓷器赏析［J］. 文物鉴定与鉴赏，2011（5）.

［62］韦仁义. 广西古代陶瓷综述［J］. 民族艺术，1990（2）.

［63］陈所能等. 光绪澄迈县志［M］. 海口：海南出版社，2004.

［64］刘志远. "南海一号"的考古试掘［M］. 北京：科学出版社，2001.

［65］张柏. 中国出土瓷器全集 10［M］. 北京：科学出版社，2008.

［66］赵汝适. 诸蕃志·海南［M］. 海口：海南出版社，2012.

［67］姜樾. 海上丝绸之路和海南岛港口［J］. 广东民族学院学报（社会科学版），1991（3）.

［68］李彩霞. 清代海南对外贸易的兴衰转变［J］. 兰台世界，2014（22）.

［69］姜樾. 海上丝绸之路和海南岛港口［J］. 广东民族学院学报（社会科学版），1991（3）.

［70］张一平. 海南在古代海上丝绸之路上的地位和作用［M］//海南省文化广电出版体育局，三沙市人民政府. 南海水下文化遗产（第一辑）. 南京：江苏人民出版社，2015.

［71］陈江，朱纬等. 海南于海上丝绸之路历史地位之我见［M］//海南省文化广电出版体育局，三沙市人民政府. 南海水下文化遗产（第一辑）. 南京：江苏人民出版社，2016.

［72］汪大渊. 岛夷志略校释［M］. 北京：中华书局，1981.

［73］中国国家博物馆水下考古研究中心，海南省文物保护管理办公室. 西沙水下考古1998—1999［M］. 北京：科学出版社，2006：65—227.

［74］宁波市文物考古研究所，象山县文物管理委员会办公室，国家文物局水下文化遗产保护中心. 渔山遗珠：宁波象山"小白礁Ⅰ号"出水文物精品图录［M］. 宁波：宁波出版社，2015.

［75］广东省文物考古研究所. 2011 年"南海Ⅰ号"的考古试掘［M］. 北京：科学出版社，2011.

［76］李钊，张聪. 万宁市大洲岛出水遗物点调查［M］//中国考古学会. 中国考古学年鉴（2014）. 北京：文物出版社，2014：360.

［77］海南省文物考古研究所，万宁市博物馆. 海南省万宁市大洲岛出水遗物点水下考古调查［M］//海南省文化广电出版体育局，三沙市人民政府. 南海水下文化遗产（第一辑）. 南京：江苏人民出版社，2015：184.

［78］海南省文物考古研究所，文昌市博物馆. 海南省文昌市清澜港出水遗物点调查［M］//海南省文化广电出版体育局，三沙市人民政府. 南海水下文化遗产（第一辑）. 南京：江苏人民出版社，2015：188.

［79］赵嘉斌，吴春明. 福建连江定海湾沉船考古［M］. 北京：科学出版社，2011.

［80］广东省文物考古研究所. 南澳玉号明代沉船 2007 年调查与试掘［J］. 文物，2011（5）.

［81］福建平潭大练沉船遗址水下考古队. 福建平潭大练岛元代沉船遗址水下考古发掘的收获［J］. 福建文博，2008（2）.

［82］福建平潭"碗礁一号"沉船遗址水下考古队. 福建东海平潭"碗礁一号"沉船遗址出水瓷器［M］. 北京：科学出版社，2006.

［83］栗建安. 中国水下考古"六大发现"：海上丝绸之路上的中国古代外销瓷［J］. 国际博物馆（中文版），2008（4）.

［84］羊泽林. 福建平潭老牛礁明代沉船遗址［J］. 大众考古，2015（9）.

［85］国家文物局水下文化遗产保护中心，中国国家博物馆，福建博物院. 福建沿海水下考古调查报告（1989—2010）［M］. 北京：文物出版社，2017.

［86］福建沿海水下考古调查队. 漳浦县沙洲岛元代沉船遗址水下考古调查［J］. 福建文博，2008（2）.

［87］莫稚. 一九五七年广东省文物古迹调查简记［J］. 文物参考资料，1958（9）.

附表

海南岛各古窑址釉色、器形分布表

窑址名称	瓷器						陶器		窑具
	青釉	青釉和下彩	酱绿（黄）釉	酱釉	青黄釉	素胎	带釉陶器	素胎	
中堆村窑址								素胎	
红花村窑址								砖、瓦	
黄竹坡窑址								砖、瓦	
礼都窑址							饼足碗	砖、瓦	
瓷灶朗窑址							饼足碗、罐	带孔红陶器	
下埇园窑址								瓦	
龙头坡窑址								砖	
汪洋窑址	饼足碗（碎片）		圈足碗（带釉下褐彩）	带系高领罐、大口罐、盆			带系高领罐、大口罐	砖	红陶垫座
瓦灶墩窑址	圈足碗								
碗灶山窑址									
碗灶墩窑址	圈足碗、杯、碟、盘		饼足碗、圈足碗				带系高领罐、盆		
深涌岭窑址	圈足碗、碟、盘	圈足碗、盘、杯				器盖	带系高领罐、大口罐、盆		垫饼
福安窑址	圈足碗、碟、盘、壶、器盖、瓷枕	圈足碗、盘、鸭头	杯、瓷枕、灯盏、圈形器、盒、壶、碗	圈足碗、执壶			盆、带系高领罐	烟斗、瓯	垫饼、垫钵
美杨村窑址	圈足碗、盘、瓷枕	圈足碗、盘		圈足碗			大口罐、高领罐、瓮、急颈器、刮削器、壶	壶、器盖、瓯	垫饼、垫钵、圈、窑撑
三曲沟窑址							四系高领罐、大口罐、大圈足碗、瓮、缸	盆	垫环
石岭村窑址	矮圈足碗（釉层脱落）		高圈足碗、矮圈足碗						
黄桐岭西窑							小口高领罐、大口罐	鱼形器、筒瓦	
黄桐岭东窑							大口瓷、小口高领罐、大口罐	饼足碗（推测其釉质脱落）	

续表

窑址名称	瓷器						陶器		窑具
	青釉	青釉釉下彩	酱绿(黄)釉	酱釉	青黄釉	素胎	带釉陶器	素胎	
大坡村窑址						象棋子	饼足碗、大圈足碗、小口高颈罐、大口罐、半环形器、柄形器、宝顶器盖		垫撑
山根窑址	圈足碗、杯、器盖						大口罐、缸、急颈、不明器(推测为蒸馏器残片)	盆	垫环、内凹垫饼
上灶村窑址							缸、大口罐、饼足碗、碟、急颈		
儒学塘窑址							方砖		
高山窑址	圈足碗						带领罐、大口罐、盆、缸	瓮、缸	
古楼窑址							带系高颈罐、大口罐		不明器(推测为垫具)、垫环
什五窑址							缸		内凹垫饼
九架老村窑址							壶、盖罐	瓮、提梁壶	
五亳村窑址							瓮、带系高颈罐、大口罐、饼足碗	筒瓦	垫撑
昌南村窑址							带系唇口罐	缸	窑撑
窑上村窑址	圈足碗						饼足碗、带系高颈罐、急颈、碟、大口罐、器盖、壶、大口	环形器	垫撑
碗窑村窑址	碗、盏	碗	碟、壶、器盖				大口罐、四系高颈罐、盆、筒形器、柄、器盖	盆托、酒盏、环形鉴、砂锅	垫饼
旧县村窑址	圈足碗、小口罐				圈足碗、饼足碗、罐		大口罐、器足、白器	瓦器	垫饼

后　记

　　历时五年的调查、整理和研究,《海南岛古窑址》一书终于付梓出版了。早在 2016 年,国家文物进出境审核海南管理处的王亦平主任就认识到文物进出境审核管理处不像博物馆和考古所等单位,自身就有丰富的文物资源可以做研究,同时考虑到单位内部古陶瓷鉴定的业务人员最多,结合海南岛自身的古陶瓷研究较少的现状,王亦平主任提出可以对海南岛内的古窑址进行调查研究,此项调查工作也由此展开。

　　在 2016 年陆续考察过几处窑址后,我们发现澄迈县南渡江下游的金江附近应该是海南岛古窑址的中心区。为更好地开展调查工作,2017 年上半年我处工作人员联合景德镇市陶瓷考古研究所的同志一起进行了调查工作,并在合作整理调查资料后,于 2020 年上半年一起发表了《海南澄迈、儋州瓷窑址调查简报》。

　　除此以外,在这四年里,王亦平主任、陈赵龙、王浩和陈贤君几位同志还协助笔者陆续调查了其他市县的 32 处古窑址。在调查的过程中,澄迈县的蔡俐红馆长、王蕾副馆长,琼海市的王书通馆长、何声乐老师、邓大勇老师,三亚市的孙建平馆长、周志刚老师、马忠仁老师,万宁市的吴挺光馆长,定安县的苏逊馆长、周冼强老师,东方市的秦巍馆长,儋州市的王琛老师、张林彬馆长、黄海兰馆长、吴淑全老师和王祈伟老师,昌江黎族自治县博物馆林理新馆长和符喜福老师,陵水博物馆的陈奋飞馆长,白沙县民族博物馆的张文花馆长、王启敏副馆长,保亭县博物馆陈玉林馆长,乐东黎族自治县文体局的林昕老师,文昌市博物馆的黄志健馆长等都给予了极大的帮助,部分老师还与我处工作人员一起参与了调查工作。领导和同事们的鼎力支持是古窑址调查和这本书能够顺利完成的坚实保证。

　　笔者作为陶瓷类文物进出境的责任鉴定人员,对本省的古陶瓷和古窑址有足够的了解是必然要求,所以调查采集的陶瓷片都尽量坚持自己清洗、拍照、分类、分型和分式。由于还有其他工作和学习任务,这样的整理断断续续地进行了五年之久。由于自身的水平有限,同时书中的古窑址遗物主要是采集品,故而在进行类型学的分析时,很难进行历时性的分析，只是简单地分了型。在分型、分式方面，景德镇市陶瓷考古所的李军强老师给予了笔者大量的指导和帮助。对于很多存在疑问的器物和研究中出现的难题，笔者还曾先后请教过王亦平、张健平、刘振忠、刘凡、陈建辉、江建新、栗建安、肖鹏、江小明、翁颜俊、李军强、刘龙、李佳、汪哲宇、郝思德、王明忠、包春磊、沈岳明、郑建明，赵嘉斌、张永康、陈浩、谢海山、赵云、林滔、杨宁波、郭荣臻、曹凌子、余慧君、程浩、徐睿、陈宁宁、刘勤涵、郭一宁、张艳华、逯斌、林皓、刘涛、陈丽君、冯泽洲、蓝明明等多位老师，这些老师都不吝赐教，为本书的出版提供了许多宝贵意见。国家文物进出境审核海南管理处的王亦平主任最早提出并参与了窑址调查工作，故欣然为本书作序。本书中出现的部分修复器物主要由景德镇市陶瓷考古所李佳、梁艺沅、朱家生等老师修复，澄迈县和儋州市所选器物标本的照片主要由我处王浩同志拍摄，图五〇〇福建井后陇窑青黄釉碗和图五〇二福建苦竹垅窑饼足碗的照片由国家文物局考古研究中心赵嘉斌老师提供，图四二五广西合浦上窑出土明代瓷烟斗照片由广西省博物馆蓝明明老师提供，中国海洋大学出版社的编辑老师也为本书的出版付出了辛勤劳动，在此一并感谢。古窑址属于不可移动文物的范畴，而有些不可移动文物的灭失是无法扭转的，希冀本书的出版可以为文化遗产的保护工作略尽绵薄之力。